JVB

Heinz-Peter Katlewski

JUDENTUM IM AUFBRUCH

Von der neuen Vielfalt jüdischen Lebens
in Deutschland, Österreich und der Schweiz

Jüdische Verlagsanstalt Berlin

Die Fotos auf dem Umschlag stammen von Gundula M. Tegtmeyer (links oben), Herby Sachs/Version (links unten und Mitte) und Margrit Schmidt.

Die Deutsche Bibliothek - CIP-Einheitsaufnahme
Ein Titeldatensatz für diese Publikation ist erhältlich bei
Die Deutsche Bibliothek.

Originalausgabe
© 2002 Jüdische Verlagsanstalt Berlin
Umschlag, Satz und Druckvorlage: Hartwig Otto, Hamburg
Druck und Bindung: Breklumer Druckerei Manfred Siegel KG
Printed in Germany
ISBN 3-934658-38-5

Inhalt

VORWORT

Eigentlich hatte ich etwas anderes erwartet, als ich Mitte Juli 1996 zu einer Tagung nach Arnoldshain fuhr. Mich reizte der Titel „Erneuerung jüdischen Lebens", und ich ging davon aus, dass ich dort etwas irgendwie Offizielles erleben würde.

Zwei Jahre zuvor hatte ich in der Evangelischen Akademie in Hamburg an einer Wochentagung der Gesellschaft für christlich-jüdische Zusammenarbeit über den Talmud teilgenommen und darüber ausführlich im Hörfunk berichtet. Danach versuchte ich häufiger darzustellen, wie Judentum in Deutschland praktisch gelebt und gelernt wird. Allerdings schon die vertiefende Recherche für ein Hörfunk-Feature über den Talmud erwies sich als schwierig. Hauptberufliche Beobachter werden misstrauisch beäugt und offenbar nur zu den üblichen öffentlichen Ereignissen eingeladen: Klezmer-Konzerte, Holocaust-Gedenkveranstaltungen, israelische Theatergruppen, Politiker-Podien. Klassisches Pressefutter. Dass das jüdische Leben damit nicht hinreichend abgebildet werden kann, liegt auf der Hand.

Insofern bot Arnoldshain eine neue Erfahrung: große Offenheit trotz heftiger Debatten über die inneren Strukturen des Judentums in Deutschland und zorniger Berichte über ihr religiöses und gemeindepolitisches Establishment. Zugleich aber stand erkennbar die Religion im Mittelpunkt: alternative Gottesdienste, Schiurim (Lernstunden), religionsphilosophische Workshops.

Seit dieser Konferenz verfolge ich nicht nur kontinuierlich die überregionale jüdische Presse, sondern habe auch an zahlreichen Konferenzen der progressiven Juden in Deutschland, der Schweiz und den USA teilgenommen, fast immer vom ersten bis zum letzten Tag. Schließlich habe ich die meisten mir bekannten liberalen oder egalitären Gemeinden, Gruppierungen, Minjanim und Chavurot in den deutschsprachigen Ländern besucht oder wenigstens kontaktiert und mit vielen Menschen, Laien wie Rabbinern, ausführliche Gespräche geführt und dabei viel gelernt.

Dass daraus nicht nur Hörfunksendungen, sondern schließlich auch ein Buch wurde, ist der Hartnäckigkeit von Rabbiner Dr. Walter Homolka und Dr. Annette Böckler zu verdanken. Hätte ich geahnt, wie viel Arbeit mir meine Ideen bereiten werden, hätte ich das Erscheinen dieses Werkes noch etwas länger hinausgezögert. Dr. Michael Philipp hat diesen Prozess für den Verlag miterlebt. Ihm danke ich für seine Geduld und sein aufmerksames Lektorat.

Bergisch Gladbach, 2. Oktober 2002
Heinz-Peter Katlewski

Ein Anfang „Aus der Tiefe"

Die Tora - ein Fragebuch

Rabbiner W. Gunther Plaut
absolvierte noch einen Teil seines Studiums in Berlin. 1935 emigrierte er in die USA.
Foto: Bruno Bernard.

Für den 87-jährigen Rabbiner Gunther Plaut ist es ein beglückendes Ereignis. Im Oktober 1999 kann er in München in dem Gebäude Arcisstr.12 einen Ausschnitt aus den fünf Büchern Mose, aus der Tora, auslegen. Heute Hauptgebäude der Hochschule für Musik und Theater, wurde es noch vor 60 Jahren das „Braune Haus" genannt und diente Adolf Hitler als repräsentatives Führer-Amtsgebäude. In diesen Räumen wurde unter anderem 1938 das Münchener Abkommen ausgehandelt. Es trennte das Sudetenland von der Tschechoslowakei ab und schlug es dem Deutschen Reich zu. Schon im Jahr vor Plauts Vortrag – 1998 – genossen es die Mitglieder der Europa-Tagung der World Union for Progressive Judaism, hier im großen Musiksaal laut zu singen und zu tanzen. Hitler war es nicht nur nicht gelungen, auf Dauer Juden aus dem Leben in Deutschland zu verbannen! Auch die in Deutschland einst so starke liberale Bewegung hatte wieder Wurzeln geschlagen.

Gerade für Gunther Plaut ist das ein Grund, sich zu freuen. Geboren im westfälischen Münster und aufgewachsen in Berlin, konnte er dort nach dem

Jura-Studium an der Humboldt-Universität zwar noch sein Referendariat absolvieren und 1934 promovieren. Das anschließende Rabbinerstudium konnte er in Berlin an der renommierten Hochschule für die Wissenschaft des Judentums nur beginnen. Ein Jahr später verließ er die Stadt und beendete es auf Einladung des Hebrew-Union-College in Cincinnati (Ohio). 1939 erhielt er seine Semicha (Ordination). Den Umzug in die USA hatte Rabbiner Leo Baeck eingefädelt, damals Rektor des Berliner Rabbinerkollegs. Wahrscheinlich hat er ihm damit das Leben gerettet. Nach Jahren als Militär- und Gemeinderabbiner, Autor und Inhaber zahlreicher Ehrenämter veröffentlichte Gunther Plaut 1981 ein Werk, das für große Teile des modernen Judentums zum Standardwerk wurde: seinen Kommentar zur Tora.

1999, fast zwanzig Jahre später, scheint der Boden auch in Deutschland wieder reif zu sein für eine zeitgenössische liberale jüdische Theologie. Im Rahmen einer Tagung der Union Progressiver Juden in Deutschland, Österreich und der Schweiz stellt das Gütersloher Verlagshaus den ersten Band des „Plaut" der Öffentlichkeit vor. Rabbiner Plaut selbst fasst in wenige Worte, worin sich die traditionelle Schriftauslegung von einer liberalen unterscheidet:

Für mich persönlich ist die Bibel ein Fragebuch, kein Antwortbuch. Die Antwort gibt uns das Studium, die Geschichte, die Tradition und meine Intuition. Die Tradition mag uns sagen, es gibt nur eine richtige Auslegung von dem Vers. Wenn die Halacha, das jüdische Gesetz und Praxis, zur Frage stehen, dann sagt unsere Tradition, das ist die Auslegung. So muss man's verstehen. Für den Liberalen gibt's kein Muss darin. Das Charakteristikum des Liberalismus ist, dass man offen ist und offen bleibt.

Eine Synagoge in der Kreuzkapelle

Eine Offenheit ganz anderer Art zeigten bald zwei Jahre
später – Anfang September 2001 – die Mitglieder der
Jüdischen Liberalen Gemeinde Gescher Lamassoret
(hebr. für Brücke zur Tradition) in Köln. Nach gut fünf
Jahren der Wanderschaft durch diverse Mehrzweck-
räume öffentlicher Kulturzentren nimmt die kleine
Gemeinde das Angebot an, in Köln-Riehl im Souter-
rain der evangelischen Kreuzkapelle für eine Weile
Heimat zu suchen. Für die orthodox geführte Synagogengemeinde der Stadt ein Frevel. Ihr Gemeindeblatt
zitiert das Verdikt ihres Gemeinderabbiners: „Es gibt
keine Möglichkeiten, die beiden Religionen miteinander
zu vermischen. Sie können auf keinen Fall zusammen
leben oder eine gemeinsame religiöse Linie vertreten."
Nun scheint allerdings unter dem Dach der Kölner
Einheitsgemeinde ein Zusammenleben von Orthodoxen
und Liberalen auch nicht möglich zu sein. Eine
Diskussion am 15. Juni 2000 über das Für und Wider
eines liberalen Gottesdienstes bringt einem Bericht in
ihrem Gemeindeblatt zufolge nicht mehr als Informationen und Missverständnisse. Da hilft auch nicht, dass
mit dem Rektor des Londoner Leo-Baeck-Collegs,
Rabbiner Jonathan Magonet, und dem damaligen
Governor der World Union for Progressive Judaism,
Andreas Nachama (Berlin), Experten angereist sind.
Ein Aufruf im Oktober 2000 „zur Durchführung eines
liberalen Gottesdienstes für Gemeindemitglieder der

Versammeln, lernen, beten:

Die Synagoge

Lange dachten die Forscher, Synagogen gäbe es bereits seit dem babylonischen Exil, also seit dem 6. Jahrhundert v.d.Z. Heute ist das umstritten. Die archäologischen Befunde für Synagogenbauten sind jünger. Sie weisen auf die Zeit des zweiten Tempels, wahrscheinlich sogar erst in die makkabäische Periode und damit ins 2. Jahrhundert v.d.Z. In der Antike war die Synagoge vor allem ein Ort des Lernens. Hier wurden Texte studiert und diskutiert.

Als Bet haKnesset (Versammlungshaus), Bet haMidrasch (Lehrhaus) und Bet haTefila (Gebetshaus) gewann die Synagoge nach der Zerstörung des Tempels (70 n.d.Z.) zunehmend Bedeutung, nicht nur in der Diaspora, sondern auch in Palästina. Der heute in Israel gebräuchliche Begriff ist Bet haKnesset. Das Wort Synagoge hat seinen Ursprung im Griechischen und bedeutet „Versammlung". Orthodoxe und chassidische Juden verwenden das jiddische Wort „Schul" und betonen damit die Bedeutung der Synagoge als Ort des Lernens.

In der Antike waren Synagogen in der Regel eher schlicht, oft waren sie wenig mehr als ein Raum in einem Privathaus. Archäologen haben allerdings auch aufwändig gestaltete hellenistische Synagogen entdeckt. Nachdem das Zentralheiligtum verloren war, wurde – wo immer es die Umstände zuließen – repräsentativer gebaut. Oft gab es jedoch für die jüdischen Gebetshäuser strenge Vorschriften. Sie sollten zum Beispiel auf keinen Fall durch ihre Architektur mit Kirchen konkurrieren.

Die Tradition nimmt an, dass im Angesicht des Toraschreins und der immer würdiger werdenden Ausstattung etwas von der Heiligkeit des Tempels auf die Synagoge übergegangen ist. Mit der allmählichen Emanzipation der Juden wurden im 19. und frühen 20. Jahrhundert immer häufiger eindrucksvolle Sakralbauten errichtet, die dann nicht mehr Synagoge, sondern Tempel genannt wurden und auch theologisch den einstigen Jerusalemer Tempel ersetzen wollten. Einige dieser Bauten spiegelten Vorstellungen vom Aussehen des ersten oder zweiten Tempels. In Nordamerika führen noch heute viele liberale und konservative Synagogen den Begriff „Tempel" in ihrem Namen. Auch in Europa gibt es dafür einzelne Beispiele. Berühmt: der mehr als 175 Jahre alte Wiener Stadttempel.

Synagogen-Gemeinde Köln" fällt vor allem durch Unterwürfigkeit auf: Um nicht Gefühle von Menschen zu verletzen, die einen orthodoxen Ritus vorziehen, solle dieser Gottesdienst nicht in Einrichtungen der Gemeinde stattfinden. Und Zuschüsse gewähre die Synagogengemeinde dieser Gottesdienst-Initiative auch nicht. Ein halbes Jahr später wird das Projekt vom Vorstand abgeblasen.

Rabbiner Walter Rothschild liest aus der Tora. Anlass ist die Eröffnung des Gemeindezentrums von Gescher Lamassoret in Köln. Foto: Herby Sachs / Version.

Gescher Lamassoret hat diese Erfahrung darin bestärkt, dass es erfolgversprechender sein dürfte, die liberalen Juden unabhängig von der Einheitsgemeinde zu organisieren. Die Gastfreundschaft, die sie in Anspruch nehmen, hat im übrigen mit Vermischung von Religionen nichts zu tun. Im Gegenteil. Als das Presbyterium der Riehler Evangelischen Kirchengemeinde den Beschluss fasste, Gescher Lamassoret Räume für „Gottesdienste, Versammlung, Bibelunterricht und Gemeindefeiern" zur Verfügung zu stellen, geschah das im Bewusstsein der fatalen Geschichte der eigenen Verfehlungen, insbesondere der christlichen Judenmission in Deutschland.

In der Zeit des Nationalsozialismus konnten Konvertiten als Abtrünnige nicht mit jüdischer Solidarität rechnen, zumal die schon nicht ausreichte, um die eigenen Glaubensgenossen zu schützen. Viele Protes-

Die Megilla (Die Lesung aus der Estherrolle) folgt im Programm der Purimfeier, kündigt der junge Schildträger an.
Foto: Herby Sachs / Version.

tanten aber waren dem Rassenwahn verfallen und betrachteten „getaufte Juden" nicht als ihresgleichen, oft denunzierten sie sie sogar bei den Nazi-Behörden. Die Kreuzkapelle in Köln unterhielt eine der wenigen Hilfsstellen im ganzen Reich, die ihnen Unterstützung gewährte. Zu Beginn vermittelte sie auch Auswanderungen, später vor allem Lebensmittel und Kleidung und nach 1942 nur noch einen Schlussgottesdienst vor dem Transport nach Theresienstadt.

Wenn Räume der Kreuzkapelle mittlerweile Juden als Synagoge zum Treffen, Lernen, Singen und Beten dienen können, dann auch deshalb, weil nicht nur wichtige Gremien der Evangelischen Kirche in Deutschland, sondern auch die der Riehler Evangelischen Gemeinde heute bekennen, dass die Judenmission ein furchtbarer Irrweg war – nicht zuletzt theologisch. Das Gastrecht im Kirchenkeller soll dazu beitragen, dass sich jüdisches Leben in Deutschland wieder entfalten kann. Und das soll heißen, dass alle Strömungen wieder ihr Recht bekommen. Immerhin war die heute orthodox geprägte Kölner Synagoge in der Roonstraße vor 1933 ein Ort für die liberale Betergemeinschaft. Für Walter Rothschild, den betreuenden Rabbiner von Gescher Lamassoret, ist der Einzug in die kirchlichen Keller-räume kein Problem. Und zur ästhetischen Qualität kommentiert er knapp: „Räume müssen nicht architek-tonisch schön sein, um zu funktionieren. Eine Synagoge ist nicht das Gebäude, sondern die Menschen, die es nutzen." Ein launiges Psalmzitat kann er sich aber trotzdem nicht verkneifen – „Aus der Tiefe rufe ich zu

Innenansicht der Synagoge von Gescher Lamassoret unter der Kreuzkapelle. Foto: privat.

dir, Herr" – um dann einen optimistischen Ausblick zu wagen: „Wir wollen es mit Glück benutzen bis es viel zu klein ist. Und dann wollen wir es mit Dankbarkeit zurückgeben und eine größere Synagoge bauen."

Ofek

Ofek ist ein Verein für Mitglieder der Israelitischen Gemeinde Basel (IGB) und weitere Interessierte und ist aus einer Arbeitsgruppe hervorgegangen, die sich im Herbst 1998 gebildet hatte. Ofek siedelt sich innerhalb der Einheitsgemeinde IGB an und greift ergänzend zum bestehenden Angebot in der Gemeinde verschiedene Themen auf. Ofek – das Wort ist hebräisch und bedeutet Weite oder Horizont – ist offen für alle Mitglieder. Männer und Frauen, die bisher innerhalb der Gemeinde nicht aktiv waren – das ist eine Mehrheit der Miglieder –, sollen ganz besonders angesprochen werden. Jüdisch sein, was bedeutet das für Jüdinnen und Juden im Alltag, an Schabbat, an den Feiertagen? Verschiedene Formen des Judentums kennenlernen und leben, jüdische Tradition, jüdische Quellen, jüdische Geschichte, jüdische Philosophie, jüdische Kultur mit all ihren Facetten studieren und diskutieren, Fragen stellen und nach Antworten suchen, jüdisches Selbstverständnis stärken, neugierig und offen sein für Neues – das und vieles mehr will und tut Ofek. Ofek möchte dazu beitragen, die Einheitsgemeinde IGB mit noch mehr Leben zu füllen und das breite Spektrum, das eine Einheitsgemeinde umfasst, betonen. Alle Kreise sollen ihr Jüdischsein, ihre jüdische Identität, ihre Position selbstverständlich leben und vertreten können und damit innerhalb der IGB ebenso selbstverständlich akzeptiert werden. In einer Einheitsgemeinde braucht es Raum für verschiedene Formen des Judentums, für verschiedene Richtungen und Meinungen, die alle ihre Legitimation haben und gleichwertige Teile der Gemeinde sind. Im Rahmen dieser Offenheit möchte Ofek auch Jüdinnen und Juden, die in einer interkonfessionellen Beziehung leben, zusammen mit ihren nichtjüdischen Partnern und Partnerinnen für das Judentum interessieren. Die Adressliste von Ofek umfasst zur Zeit rund 200 Personen, Paare und Familien.

OFEK
St. Galler-Ring 48, 4055 Basel
info@ofek.ch
www.ofek.ch

Quelle: *Jüdischer Kalender 5763 - Durch das jüdische Jahr*

Lernen ohne Scheuklappen

Um eine große Synagoge und eine solide Infrastruktur muss sich die Israelitische Gemeinde Basel nicht sorgen. Mit gut 1200 Mitgliedern gehört sie zu den größeren in der Schweiz. Im August 2001 fürchtet das jüdische Wochenmagazin *Tachles* allerdings, Zeuge des Niedergangs zu sein: abnehmende Mitgliederzahlen, organisierte Opposition der Liberalen gegen die herrschende

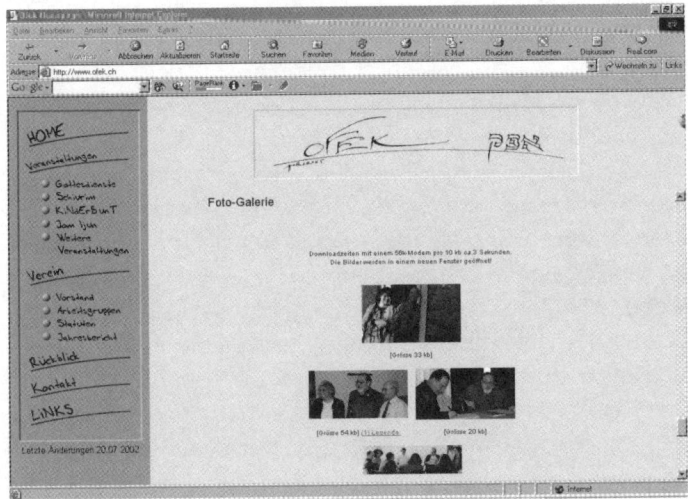

OFEK setzt sich im Rahmen der Israelitischen Gemeinde Basel für mehr Pluralismus ein. Der Verein ist auch online: www.ofek.ch.

Orthodoxie, Desaster bei den Rabbinerwahlen, eine ungewisse Zukunft. In einer Titelstory über die Baseler Gemeinde notiert das Schweizer Blatt damals als jüngstes Symptom, dass der Interims-Jugendleiter nicht angestellt wurde. Der Grund: mit seiner nicht-jüdischen Freundin setze er ein Beispiel für Assimilation. Daran aber krankten die Gemeinden weltweit, wird

17

Meisterin, Lehrerin, Managerin

Was macht eine Rabbinerin?
Oder ein Rabbiner!

Früher war es einfach. Rabbinerinnen gab es im Mittelalter nicht. Und der Rabbiner war einfach nur jemand, von dessen Wissen und Weisheit seine Mitmenschen beeindruckt waren. Er war bewandert in der Tora und den Schriften der Tradition, und er hatte einen scharfen Verstand. Er wusste nicht nur was geboten ist, sondern konnte auch kniffelige Fragen entscheiden. Er war eine Autorität, die gefragt wurde, die richtete und schlichtete, verheiratete und schied. Die Menschen nannten ihn ehrfurchtsvoll „Rabbi", auf deutsch: Meister. Im Alltag aber ging er einem normalen Beruf nach.

Heute gibt es Rabbinerinnen, jedenfalls im liberalen und konservativen Judentum. Es ist ein Beruf geworden, den Männer und Frauen gleichermaßen ausüben können. Für zivilrechtlichen Streit zwischen Juden sind sie kaum noch zuständig – das machen heute ordentliche Gerichte. Wichtiger geworden sind persönliche Konflikte, die die Menschen mit sich und in sich tragen. Die Aufgaben sind enorm gewachsen. Sie sind nicht mehr nur die Toragelehrten, sondern auch die spirituellen Führer ihrer Gemeinden. Sie geben Kindern und Jugendlichen Religionsunterricht, besuchen Alte und Kranke, stehen zu seelsorgerischen Gesprächen zur Verfügung, planen Feste und Feiertage, predigen im Gottesdienst, vertreten die jüdische Religion in der Öffentlichkeit, betreiben Fundraising, verfassen religionsgesetzliche Gutachten zu ethischen Problemen und entscheiden Statusfragen, z.B. wer Jude ist und wer es werden kann. Manchmal sind sie für mehrere Gemeinden zuständig. Zum Glück nehmen ihnen die eine oder andere Aufgabe Ehrenamtliche ab.

Früher musste ein Rabbiner nur klug und wissend sein. Heute muss eine Rabbinerin (oder ein Rabbiner) ein wissenschaftliches Studium absolvieren. Dazu gehören Fächer wie Hebräisch, Theologie, Philosophie, Bibelkunde und -auslegung, Talmud, Halacha, jüdische Geschichte, Liturgie, Religionswissenschaften, Predigtlehre und Rhetorik, Didaktik und Methodik, Psychologie und Managementlehre. Im deutschsprachigen Raum gibt es dafür zwei Ausbildungsstätten:

Abraham Geiger Kolleg
Postfach 120852
D 10598 Berlin
Telefon   +49 – 30 – 318.005-87; Fax: -96
E-Mail: abraham.geiger.kolleg@t-online.de
Web: www.abraham-geiger-kolleg.de
(Vollstudium, 10 Semester mit Abschluss Magister
und separater Abschlussprüfung für die Semicha,
das Rabbinerdiplom).

Hochschule für Jüdische Studien
Friedrichstr. 9
D 69117 Heidelberg
Telefon   +49 – 6221 – 438.51-0; Fax: -29
E-mail: rektor@hjs.uni-heidelberg.de
Web: www.hjs.uni-heidelberg.de
(nur 4 Semester Grundstudium, danach Fortsetzung
an einem liberalen, konservativen oder orthodoxen
Seminar in Großbritannien oder Israel).

die Sprecherin der Gemeinde zitiert. Das Problem: Eine Nicht-Jüdin kann keine jüdischen Kinder zur Welt bringen. Wenn sie Juden werden wollen, müssen ihre Kinder konvertieren. Die ehrenamtlichen Madrichim (Gruppenleiter) der beiden Baseler Jugendbünde werden das Argument kennen, auch wenn es unter den Umständen der Diaspora etwas weltfremd wirkt. Und so bleibt ihnen nur zorniges Erstaunen.

Seit Herbst 1998 engagiert sich mit Ofek (hebräisch für Weite oder Horizont) ein neuer Faktor im jüdischen Leben von Basel. Den Gründungsimpuls löste eine Debatte in der Gemeindeversammlung aus, ob eine Frau Gemeindepräsidentin werden darf. Bislang durfte sie es nicht. Im Prozess um die Bestellung eines neuen Rabbiners greift die Gruppe mit eigenen Initiativen ein. Sie kann schließlich eine starke Minderheit überzeugen, die Wahl durch massenhafte Stimmenthaltung scheitern zu lassen, nachdem kein orthodoxer Rabbiner gefunden werden kann, der auch andere Formen jüdischen Lebens und religiöser Praxis gelten lässt. Ob das ein angemessenes Verhalten sei, ist auch in den eigenen Reihen umstritten. Nicht alle folgen dieser Linie. Dafür schließen sich andere an.

Doch die Rebellen sind nicht an sich oppositionell. „Wir möchten lernen. Wir möchten uns jüdisches Wissen aneignen", betont die Journalistin und Ofek Co-Präsidentin Valerie Rhein, „ohne schon auf eine Richtung festgelegt zu werden. Ofek ist für alle Zugänge jüdischer Religiosität prinzipiell offen: orthodox, konservativ, liberal, ‚renewal' und rekonstruktionistisch." An der Suche nach einem neuen Rabbiner beteiligen sie sich und sind auch in das entsprechende Gremium eingebunden. Ein mühseliges Unterfangen, auch wenn es so aussieht, als könnte bald eine Entscheidung fallen zwischen zwei für alle Beteiligten akzeptablen Kandidaten. Im August 2002 stellte sich jedenfalls der 8. potenzielle Kandidat in Basel vor und geriet tatsächlich in die engere Wahl. Am 1. November 2002 werden die Gemeindemitglieder nun zwischen zwei für alle Gruppen in der Gemeinde akzeptablen Kandidaten zu entscheiden haben.

Die Rabbinersuchkommission musste bei ihren Bemühungen einen Drahtseilakt wagen. Auf der einen Seite soll in der Einheitsgemeinde ein weites Spektrum gewahrt bleiben, damit ihr jene, die sich von orthodoxen Bräuchen und Lehren nicht angesprochen oder sogar ausgeschlossen fühlen, nicht den Rücken kehren, sondern ihre Religiosität leben können. Auf der anderen Seite soll die halachische Autorität nur dem Rabbiner einer Richtung – nämlich der orthodoxen – zugebilligt werden, weil sonst die Gemeinde in Gruppierungen auseinander fällt. Herausgefordert wird diese durch die Praxis von Ofek ohnehin: Nicht-jüdische Ehe- und Lebenspartner sind bei ihren Veranstaltungen willkommen. Neben egalitären Gottesdiensten, die Männer und Frauen gemeinsam und gleichberechtigt abhalten, sollen Referate und Diskussionen zu jüdischer Kultur, Geschichte, Tradition und Philosophie den Horizont weit halten.

BUCHHALTER UND PHILOSOPH – MOSES MENDELSSOHN

Philosophie war es, mit der 1767 der 38-jährige Buchhalter einer Berliner Seiden-fabrik einem Königsberger Privatdozenten den 1. Preis der preußischen Königlichen Akademie der Wissenschaften abjagte. Immanuel Kant (1724-1804) musste sich mit dem zweiten Platz abgeben, während Moses Mendelssohn (1729-1786) für sein Werk *Phädon oder über die Unsterblichkeit der Seele in drey Gesprächen* den Ruhm erntete. Für die Neuorientierung des Juden-tums in Deutschland, vor allem für seinen Kampf um das Bürgerrecht der Juden, wurde dieser zeitlebens nur nebenberuf-liche Philosoph zur Leitfigur schlechthin. Zugleich erwarb er sich den Ruf als einer der wichtigsten Vertreter der deutschen Aufklärung.

Der in Dessau geborene Mendelssohn er-hält schon mit vier Jahren Bibel- und Talmudunterricht und beginnt mit zwölf unter Anleitung des Dessauer Ober-rabbiners David Fränkel den *Führer der Verirrten*, eines der Hauptwerke von Mose ben Maimon (Maimonides, 1135-1204), durchzuarbeiten. Als Fränkel ein Amt in

„Moses Mendelssohn geboren in Dessau im Jahr 1729 von jüdischen Ältern. Ein Weiser wie Sokrates den Gesetzen der Väter getreu Unsterblichkeit lehrend und unsterblich wie er."

Büste und Sockel von Antoine Tassaert (1785) stehen im Foyer der Neuen Synagoge Oranien-burger Straße in Berlin.
Foto: Stiftung Neue Synagoge – Centrum Judaicum, Berlin.

23

Berlin übernimmt, folgt Mendelssohn ihm. Dort vertieft er sich zunächst in weitere Talmudstudien, sucht aber bald weitere Bildung zu erwerben. Er entscheidet sich für die Mathematik. Nebenbei bringt er sich heimlich Hochdeutsch bei – ein Regelverstoß zu jener Zeit,

Der reformierte Schweizer Theologe Johann Caspar Lavater (rechts) versucht Moses Mendelssohn (links) zu überzeugen, zum Christentum überzutreten. Der Dichter Gotthold Ephraim Lessing blickt befremdet auf den eifernden Pastor. Lithografie: Märkisches Museum Berlin.

der, wäre er damals vom jüdischen Gemeindevorstand aufgedeckt worden, leicht mit Ausweisung hätte geahndet werden können. Aber Mendelssohn lernt noch mehr. Er eignet sich Französisch und Latein an, später erschließt er sich weitere Sprachen, studiert Philosophie und naturwissenschaftliche Disziplinen. Sein Geld verdient er zunächst damit, hebräische Bücher zu kopieren. Dann lebt er eine Weile als Hauslehrer bei einem Berliner Seidenhändler. Der stellt ihn schließlich als Buchhalter ein und macht ihn später sogar zu seinem Teilhaber.

Mit Mitte 20 fängt Mendelssohn an, philosophische Beiträge zu veröffentlichen. Sie sind überwiegend der Vernunft und dem rationalen Diskurs verpflichtet. Sein erster Beitrag verteidigt in der Zeitschrift *Theatralische Bibliothek* ein Werk des Pastorensohns Gotthold Ephraim Lessing (1729-1781): *Die Juden*, mit dem dieser gegen verbreitete antijüdische Vorurteile zu Felde zieht. Den philosophischen Autodidakten Mendelssohn faszinieren Lessings Ideen zum Deïsmus (vernunftgemäßer Gottesglaube). Er verschlingt die Bücher von John Locke und beginnt, die Apologeten einer natürlichen, vernünftigen Religion zu lesen. Sie sind in der zweiten Hälfte des 18. Jahrhunderts gerade bei Vertretern der liberalen protestantischen Theologie en vogue. Mendelssohn empfindet eine gewisse Ideenverwandtschaft zu ihnen. Während er aber diesen Gedanken folgt und immer mehr dafür schreibt, bleibt er in seinem Alltag dem Judentum, seinen Traditionen und überlieferten Geboten treu.

Zum Thema einer theologischen Reflektion wird seine Religion für ihn erst, als der Schweizer Theologe Johann Caspar Lavater (1741-1801) sich um die Seele des jüdischen Gelehrten Sorgen macht und ihn öffentlich auffordert, zum Christentum zu konvertieren. Diesem Drängen tritt Mendelssohn entschieden entgegen. Im Judentum erkennt er zwar auch menschliche Zusätze und Missbräuche, dennoch betont er, ihm stehe die logische Wahrheit der Lehre, wie sie sich im jüdischen Verständnis der Tora als einem von Gott seinem Volk offenbarten Rechtssystem ausdrücke, näher als die christlichen Dogmengebäude. Anderen seiner Glaubensgenossen, die ungeduldig eine Verbesserung ihrer rechtlichen Stellung anstreben, wird die Abgrenzung nicht so leicht fallen.

Auf Deutsch zur Sittlichkeit

Moses Mendelssohn ist bald ein gern gesehener Gast in den bildungsbürgerlichen Salons der preußischen Hauptstadt. Aber selbst dieser angesehene Gelehrte erhält den Schutzbrief erst fast 20 Jahre nachdem er – wie die Legende sagt – im Gefolge des ehemaligen Dessauer Oberrabbiners David Fränkel zum ersten Male an das für Juden bestimmte Rosenthaler Stadttor Berlins geklopft hatte. Der Widerspruch ist offensichtlich: Auf der einen Seite zeigt die Aufklärung erste Früchte, eine rationale Weltsicht verbreitet sich, auf der anderen müssen Juden immer noch mit schikanösen Reglementierungen leben, deren Wurzeln weit ins Mittelalter zurückreichen.

Mendelssohn versucht, Brücken zu bauen. Da er ein berühmter Philosoph ist, haben seine Argumente Gewicht. Wo immer es ihm notwendig und aussichtsreich erscheint, formuliert er Bittschriften und Gutachten zu Gunsten seiner Glaubensgenossen oder regt nicht-jüdische Freunde an, initiativ zu werden. Wichtiger aber noch wird ein anderer Beitrag: Ursprünglich um seinen Sohn Joseph zu unterrichten, übersetzt er die hebräische Bibel in gutes Deutsch. „Die Schrift soll wieder leserlich und verständlich" werden, wünscht er sich. Er hofft, denen, die die Originaltexte nicht mehr verstehen können und jenen, denen die Religion bereits gleichgültig geworden ist, einen authentisch jüdischen aber auch modernen Text bieten zu können, mit dem sie sich wieder identifizieren können. Die neue Übersetzung soll überdies dazu beitragen, die jüdische Umgangssprache zu heben. Sprache ist für ihn ein Mittel zur Vernunfterziehung und damit auch zu einer neuen Sittlichkeit. Die Rabbiner verabscheuen dieses Anliegen: „Unsere Tora wird dadurch herabgewürdigt zur Rolle einer Dienerin der deutschen Sprache".

Die Übersetzung der Tora wird tatsächlich zum Fanal für eine verstärkte Auseinandersetzung mit der christlichen Umwelt. Viele erleben die eigene jüdische Welt nun als rückständig. Ihnen erscheint sie als ein Überbleibsel der Vergangenheit, das verschwinden wird. Sie glauben, die Emanzipation nur erlangen zu können, wenn sie zum Christentum übertreten. Vier von Mendelssohns Kindern gehen diesen Weg: Sein Sohn Abra-

Die Tora nach der Übersetzung von Moses Mendelssohn. Die von Annette Böckler revidierte Ausgabe erschien 2001 in der Jüdischen Verlagsanstalt Berlin.

ham konvertiert aus Opportunitätsgründen zum Protestantismus und ändert seinen Namen in Mendelssohn-Bartholdy. Seine Tochter Dorothea lässt sich erst evangelisch taufen und wird später eine missionarische Katholikin, und auch Henriette geht ganz im katholischen Glauben auf. Der jüngste Sohn, Nathan, entscheidet sich wieder für die Evangelischen. Einzig Joseph und seine Tochter Recha bleiben dem Judentum treu.

VON DER AUFKLÄRUNG ZUR REFORM

Um Moses Mendelssohn bildet sich in den siebziger Jahren des 18. Jahrhunderts aber auch ein Kreis von jüdischen Intellektuellen, die Wege in die Emanzipation suchen, ohne das Judentum ganz hinter sich lassen zu müssen: die Haskala. Während er selbst an der jüdischen Tradition, ihren Bräuchen und Regeln festhält, sind für viele dieser Maskilim (Aufklärer) die Formen des Judentums weitgehend irrelevant geworden. Wichtig ist ihnen allein seine Ethik. Seine Sprache – Hebräisch – nutzen sie zum wissenschaftlichen Gespräch und kaum noch für die Religion. Um die eigene Befreiung einzuleiten, sind sie bereit für einen radikalen Wandel.

Einer ihrer führenden Vertreter nach Mendelssohns Tod, der Kaufmann David Friedländer (1750-1834), glaubt für kurze Zeit, den organisatorischen Rahmen des Judentums sogar ganz hinter sich lassen zu können, ohne sich und seiner Herkunft dabei untreu werden zu müssen. Er hofft, Aufnahme in der evangelischen Kirche zu finden, allerdings unter der Bedingung, deren „irrationale Lehren" nicht im einzelnen übernehmen zu müssen oder sich gar allen ihren Ritualen zu beugen. Er vertritt einen undogmatischen Deïsmus, den er in ähnlicher Form auch bei vielen Vertretern der liberalen protestantischen Theologie vorgefunden hat. Die Antwort auf ein entsprechendes Sendschreiben an Wilhelm Abraham Teller, den für seine Liberalität bekannten Berliner Theologen und Kirchenfunktionär, ist freundlich. Aber Teller verlangt mehr an Identifikation mit dem Christentum als bloße undogmatische Gottgläubigkeit. Er rät stattdessen, das Judentum weiter zu reformieren. Die erhoffte Zusage, dass Juden mit dem Übertritt auch die Bürgerrechte erhalten würden, kann er ohnehin nicht geben.

Israel Jacobson (1768-1828) – er begründete Anfang des 19. Jahrhunderts das Reformjudentum.
Quelle: Nieders. Staatsarchiv Wolfenbüttel.

Mit der Erwartung, dass Bildung die soziale Lage der Menschen verbessert, stimmen die gebildeten Maskilim mit Mendelssohn und dem gesamten frühen Bildungsbürgertum in Deutschland überein. Bereits 1781 eröffnet David Friedländer in Berlin seine so genannte Freischule für arme jüdische Kinder, deren Unterrichtssprache nicht jiddisch oder hebräisch ist, sondern deutsch. Die Umgangssprache soll künftig kein Unterscheidungsmerkmal mehr sein. Der Schwerpunkt des Unterrichts liegt deshalb auf den profanen Fächern und nicht wie in den Synagogen auf dem Talmudstudium und dem Rechnen mit jüdischer Zahlensymbolik. 1788 greift Friedländer die Tradition frontal an. Er richtet ein Sendschreiben an die deutschen Juden und kritisiert in scharfen Worten die bisherige Praxis der Unterweisung der Kinder durch die Rabbiner. Er beschuldigt sie, für den Verfall der Sitten in der jüdischen Unterschicht verantwortlich zu sein. Die kostenlosen Freischulen werden fortan das wichtigste Projekt der Maskilim. Ihre Bemühungen haben

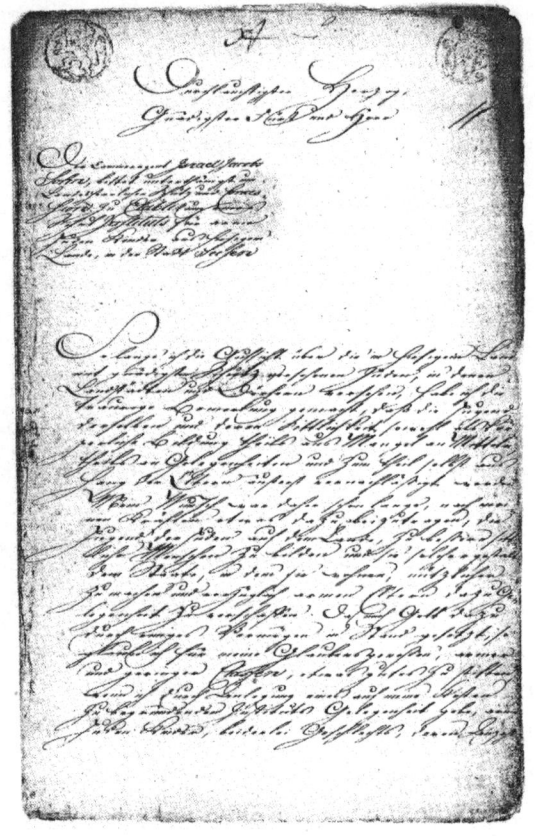

jedoch die Erneuerung des religiösen Lebens noch kaum im Blick. Eher wollen sie auf alle äußeren Formen des Judentums und die als sinnlos und unzeitgemäß betrachteten Zeremonialgesetze prinzipiell verzichten.

Dem Ziel der Reform verschreibt sich erst ein junger Mann aus Halberstadt, der mit David Friedländer gut bekannt ist, aber nicht zum engeren Kreis der jüdischen Aufklärer gehört: Israel Jacobson (1769-1828). Der eben 32 Jahre alte Kammeragent des Herzogs von Braunschweig und amtierende Landesrabbiner des Weserdistrikts erbittet am 10. Juni 1801 in einem Schreiben an Carl Wilhelm Ferdinand, Herzog von

Braunschweig, eine Konzession zur Eröffnung eines „Schulinstituts für arme Judenkinder". Jacobson stellt die Mittel selber zur Verfügung und kann seine Freischule Ende September 1801 im Harzstädtchen Seesen eröffnen.

In der Schule lernen die Kinder nicht nur die Fächer des klassischen Bildungskanons, wie Französisch, Latein und Griechisch, sondern auch Hebräisch, Tora und Talmud. Außerdem ist ein Betsaal angegliedert, in dem erstmals Versuche mit Gottesdiensten nach einem modernisierten Ritus versucht werden. Die Kinder lernen hebräisch und deutsch zu beten, und sie singen gemeinsam hebräische und deutsche Gemeindelieder. Ziel der Schule ist es, den jüdischen Kindern eine Allgemeinbildung zu vermitteln, mit der sie vor ihrer nicht-jüdischen Umwelt bestehen können. Sie sollen zu bürgerlichen Tugenden erzogen werden und lernen, die ethischen Ansprüche der Religion auch im Alltag zu leben. Nach der Schule sollen sie in handwerkliche Berufsausbildungen eintreten. Auch das ist neu und wird vom Landesherrn unterstützt. Juden waren bis dahin die Handwerkerzünfte verschlossen. Künftig, das ist die Vision von Jacobson, sollen sie vollwertige Bürger werden und damit Teil der Gesellschaft. Die Jacobson-Schule erlangt sehr schnell einen guten Ruf: Bereits im zweiten Jahr wird das erste christliche Kind aufgenommen. Für den Stifter der Schule ist das kein Problem. In seinem Institut sollen Christen und Juden gemeinsam Unterricht haben und sich respektieren lernen, ohne dass die Juden ihre Religion hinter sich lassen müssen. Die Gründung der Jacobsonschule wird damit zur Geburtsstunde für eine neue Bewegung: das Reformjudentum.

Vom jüdischen Konsistorium zum Reformtempel

Israel Jacobson selbst war eine streng orthodoxe Erziehung zuteil geworden. Er war mit Tora und Talmud vertraut, hatte sich aber auch für deutsche Literatur interessiert und Lessing und Mendelssohn gelesen. Historiker merken zwar an, dass es ihm an systematischer Allgemeinbildung mangelte, doch er glich das aus mit Engagement, visionärer Fantasie, finanzieller Großzügigkeit und rhetorischer Begabung.

Er gewinnt Anerkennung als Philanthrop, nicht nur als Unterstützer von jüdischen Einrichtungen, sondern auch durch Spenden zu Gunsten von christlichen Anstalten. Aber er ist auch getrieben von einem gerüttelt Maß an Eitelkeit und machtpolitischer Finesse. Er versteht es jedenfalls, seine Ideen zu verbreiten. Der konservative Historiker Heinrich Graetz (1817-1891) hat wenig übrig für die Reform und gehört folglich auch nicht zu seinen Anhängern. Er hält Jacobson für einen Despoten. Aber er schreibt auch in seiner *Geschichte der Juden*:

Seine despotische Natur und Machtbefugnis setzten, mit Verletzung der Empfindlichkeit und Bedenklichkeit der Rabbinen wie der Massen, die Neuerungen durch. Dieses rücksichtslose Ungestüm war freilich nötig, um den Wust wegzuschaffen, der sich besonders in den kleinen

Gemeinden angesammelt hatte. Mit zarten Fingern
wäre gar nichts durchgesetzt worden.

Israel Jacobson hat hochfliegende Pläne. Noch bevor
Napoleon in weiten Teilen Deutschlands die Herrschaft übernimmt oder Vasallen damit beauftragt,
schreibt er an den französischen Kaiser und macht
Vorschläge, wie die Judenemanzipation unter der
Verantwortung von Juden umgesetzt werden kann. Als
im Dezember 1807 Jerôme Bonaparte, ein Bruder
Napoleons, in Kassel einzieht und dort König von
Westfalen wird – wozu in dieser Zeit große Teile des
heutigen Niedersachsen gehören, darunter das Gebiet
des Herzogtums Braunschweig –, erhalten alle Juden
des neuen Königreichs die volle Bürgerschaft. Jacobson erhält den Auftrag, die Strukturen für Ritus und
Kultus im Judentum neu zu organisieren.

Nach dem Muster eines Kirchenamtes richtet er ein
hierarchisch strukturiertes „Königlich-Westphälisches
Consistorium mosaischer Religion" unter seiner Leitung ein, zu dem außerdem drei Rabbiner, zwei welt-
liche Vertreter und ein Sekretär gehören. Es übt die
Aufsicht über Verwaltungsangelegenheiten aus und
erlässt zum ersten Mal überhaupt eine Synagogenordnung. Sie soll Kawana (Andacht) fördern und der
Gewohnheit entgegenwirken, die Synagoge auch
während des Gottesdienstes in erster Linie als Versammlungshaus zu nutzen oder sogar Geschäfte zu
verabreden, anstatt zu beten oder zu lernen. Als laut
und würdelos empfanden damals viele Zeitgenossen
die Unruhe in der Synagoge: eine Mischung aus
Textrezitationen, Gebeten und undisziplinierter Plau-
derei. Das Konsistorium reformiert die Bar Mitzwa für
Jungen zu einer Konfirmation nach evangelischem

Muster für Jungen und Mädchen. Schließlich schafft er auch die rabbinische Gerichtsbarkeit über die Juden ab zu Gunsten der staatlichen und verfügt die zivile Eheschließung vor der religiösen.

Als am 17. Juli 1810 in Seesen hinter der Freischule eine Synagogenkapelle eingeweiht wird, ist dort bereits eine Orgel eingebaut, und es erklingen abgewandelte Psalm-Choräle aus dem Repertoire evangelischer Gesangbücher: „Die Himmel rühmen des Ewigen Ehre" und „Befiehl du deine Wege". Zur Andacht werden die Kinder mit einer Glocke gerufen. Israel Jacobson steigt im schwarzen Talar auf die Kanzel – ursprünglich einmal Martin Luthers Professorenrock – und demonstriert damit, dass gerade in der Synagoge der Rabbiner ein Lehrer der Gemeinde ist. Erstmals ertönt in einer Synagoge eine deutsche Predigt.

Nach dem Zusammenbruch der napoleonischen Herrschaft im Jahre 1814 wird das Konsistorium sofort wieder aufgelöst und die Emanzipation rückgängig gemacht. Jacobson geht nach Berlin und versucht, seine Ideen für eine Gottesdienstreform wenigstens im Rahmen einer Privatsynagoge umzusetzen. Der bekannte Komponist Giacomo Meyerbeer schreibt ihm dafür sogar ein Halleluja-Chorstück. Aber der Gegenwind aus den traditionellen Gemeinden ist heftig. Die Reformgegner scheuen sich nicht, den preußischen Staat zu mobilisieren. Der hatte erst wenige Jahre zuvor reformierte und lutherische Protestanten unter ein Dach gezwungen und Sezessionen aus dieser Kirchenunion mit Gewalt unterbunden. 1823 wird deshalb durch königlich-preußische Kabinettsorder auch jede Änderung des Kultus der Juden verboten, selbst Predigten und Ansprachen bei Beerdigungen und Hochzeiten in deutscher Sprache werden als Sektenwesen verurteilt.

Bis in die dreißiger Jahre des 19. Jahrhunderts hinein setzt nur eine einzige Gemeinde in ganz Deutschland die Tradition fort, die von Israel Jacobson in Kassel, Seesen und Berlin begonnen wurde und entwickelt sie weiter: der am 11. Dezember 1817 in der Freien Hansestadt Hamburg gegründete Israelitische Tempelverein. Er ist auch dem eigenen Selbstverständnis nach eine reformreligiöse – oder wie man später sagt: eine liberale jüdische Gemeinde. Für die Orthodoxie ist er lange Zeit eine Provokation, für die Reformer dagegen ein beachtetes Pionierprojekt, das für viele Reformen Modell steht, die sich seit den vierziger Jahren mehr und mehr ausbreiten. An den hebräischen Gebetstexten nehmen sie wesentliche Veränderungen vor, und anstelle der aschkenasischen Aussprache verwenden sie die sefardische. Damit setzen sie sich bewusst vom orthodoxen osteuropäischen Judentum ab. Erst als 1938 während des nationalsozialistischen Novemberpogroms die Innenräume des Tempels verwüstet werden, hat diese besondere Hamburger Geschichte des liberalen Judentums ein Ende.

ZUWANDERUNG UND ERNEUERUNG

EIN JUBILÄUM

Ende Juni 2001 in der Moses-Mendelssohn-Akademie von Halberstadt. In der Geburtsstadt von Israel Jacobson treffen sich 150 liberale Juden aus dem ganzen deutschsprachigen Raum und dazu Gäste aus den Niederlanden, Großbritannien, Israel und den Vereinigten Staaten. Eingeladen hat die eben vier Jahre alt gewordene Union Progressiver Juden in Deutschland, Österreich und der Schweiz. Halberstadt war über Jahrhunderte hinweg ein jüdisches Zentrum, das viele bedeutende Persönlichkeiten hervorgebracht hat. Darunter Dirigenten, Filmschaffende, Gewerkschaftsgründer, den orthodoxen jüdischen Gelehrten Esriel Hildesheimer (1820-1899) und den Reformer Israel Jacobson. Wegen Israel Jacobson hat die Union Halberstadt als Ort ihrer Jahrestagung ausgesucht. Es gilt, ein Jubiläum zu feiern: In diesem Jahr erinnert sich das Reformjudentum weltweit an die Gründung der Seesener Knabenschule für arme jüdische Kinder vor 200 Jahren und feiert damit zugleich ihre 200-jährige Geschichte. Auch für die junge progressive Union ein Anlass, sich demonstrativ in eine längere Tradition einzureihen.

Programmheft zur Jahrestagung 2001 der Union progressiver Juden in Halberstadt.
Das abgebildete Gebäude ist die ehemalige Klaus-Synagoge.

37

„Reform war das Gegenteil von Assimilation"

200 Jahre Reformjudentum in Deutschland

Aus dem Festvortrag von Rabbiner Gunther Plaut (Toronto)
am 28. Juni 2001 in Halberstadt

Die Reform machte den jüdischen Gottesdienst wieder verständlich - W. Gunther Plaut (Toronto) beim Festvortrag „Ursprung und Blüte des Reformjudentums in Europa", 28. Juni 2001 in Halberstadt.
Foto: Gundula M.Tegtmeyer.

Das Jahr 1801 war eine Zeit großer politischer, wirtschaftlicher und philosophischer Umwälzungen. [...] Und auch unsere Religion erlebte damals eine Revolution. Tradition wurde nicht mehr als unbedingt bindend angesehen. Aufgeklärte Juden fanden die alten Gebräuche veraltet und unbrauchbar für die neue Zeit und ihre Anforderungen. Sie besuchten vielleicht zum ersten Mal auch Gottesdienst in einer protestantischen oder katholischen Kirche und bewunderten die Ordnung, den Anstand, die dort herrschten. Sie hörten nicht nur, wie eine große Orgel Johann Sebastian Bach intonierte, sondern auch einen vielstimmigen Gemeindegesang. [...] Aber den größten Eindruck der Kirche machte eine deutsche Predigt, die der Gemeinde moralische Richtung geben konnte. Etwas, was in Bet haKnesset unglücklicherweise vollständig abwesend war. Nun waren wir Juden immer gute Studenten. Wir lernten immer schnell. [...] Die Väter der Reform sahen ihre Neuerungen nicht als Revolution an. [...] Die Reform wurde von ihren Gegnern als Assimilation verpönt. Sie war das Gegenteil. Sie wollte sich der jüdischen Ignoranz widersetzen. Sie wollte die Flucht vom Judentum aufhalten und tat beides mit gutem Erfolg. Die Armen wurden von ihnen nicht vernachlässigt. [...] Aber im Gottesdienst wurden unverständliche Verse abgeschafft und stattdessen deutsche Gebete sowie die Konfirmation für Knaben und Mädchen eingeführt. Der Halberstädter Israel Jacobson – ein reicher Mann –, beseelt von prophetischer Weitsicht und Energie, war der Spiritus Rector jüdischer Erneuerung, aber nicht einer Revolution. [...] Die liberale Erneuerung dehnte sich langsam aber sicher aus, und einige Reformrabbiner wanderten nach Amerika aus und eroberten in Amerika auch die jüdische Welt mit ihren Ideen. In dem Sinn darf ich sagen, dass ich ein Kind dieser Entwicklung bin. Im deutschen und europäischen Liberalismus geboren, brachte ich ihn mit mir nach Nordamerika und bringe ihn jetzt zurück zu dem Ort, wo der Gründer geboren wurde. Es ist ein Kreis, der in gewisser Hinsicht uns alle, die hier sind, charakterisiert. Jeder von uns hat eine persönliche Wanderung gemacht. [...]

Extra für den Festvortrag im Rathaussaal ist zum zweiten Mal innerhalb weniger Jahre der jetzt fast 89-jährige Rabbiner und Ex-Berliner Gunther Plaut aus dem kanadischen Toronto nach Deutschland gekommen – dieses Mal ins Harzvorland. Als Jugendlicher und junger Mann hatte er noch die Zeit vor dem Nationalsozialismus erlebt: „Die liberale Bewegung war für uns das wirkliche Zentrum des Judentums. Und das ist es für mich auch noch heute. Ich lernte schon damals, mich mit Israel Jacobson zu identifizieren." Bis zur Schoa hatte sich die Reform zur dominierenden Kraft in den Einheitsgemeinden des deutschen Judentums entwickelt. Den Vorwurf der Orthodoxie, die Reform hätte der Assimilation Vorschub geleistet, weist Plaut zurück: „Sie war das Gegenteil. Sie wollte sich der jüdischen Ignoranz widersetzen, und sie wollte die Flucht aus dem Judentum aufhalten. Beides tat sie mit gutem Erfolg."

Umbrüche

Bereits Ende der achtziger/Anfang der neunziger Jahre deutet sich innerhalb der jüdischen Gemeinschaft in Deutschland eine Neuorientierung an. Die Stimmung ändert sich: Drei Jahre lang gruppiert sich eine inner-jüdische Opposition um die kulturpolitische Zeit-schrift *Semit* und ihren Herausgeber Abraham Melzer. Melzer fordert vor allem vom Zentralrat der Juden und der großen Jüdischen Gemeinde Berlins, Pluralis-mus zuzulassen. 1986 hatte sich in Ost-Berlin eine streng orthodoxe Austrittsgemeinde wiedergegründet, der gut hundert Jahre zuvor vom preußischen Staat der Status einer Körperschaft des öffentlichen Rechtes zugebilligt worden war, die aber 1938 von den National-sozialisten in die Reichsvereinigung der Juden Deutsch-lands gezwungen wurde: Adass Jisroel (Gemeinde Israels). 1989 gab ihr die damalige DDR-Regierung den Status zurück. Nach der Vereinigung der beiden deut-schen Staaten streitet die jüdische Einheitsgemeinde Berlins vor Gericht gegen diese wiedererstandene separate Gruppierung. *Semit* dagegen greift mit heftigen Polemiken Struktur und Alleinvertretungsanspruch des Einheitsgemeindesystems in Deutschland an:

Judentum ist keine hierarchisch strukturierte Kirche, keine Einheitspartei oder Feudalparzelle. Einfalt und Monopolansprüche sind dem Judentum fremd. Juden-tum ist offen, breit und vielfältig, verschiedene, unter-

40

schiedliche Traditionen und die sie tragenden Institu-
tionen sind nicht nur möglich, sondern legitim. Sie sind
eine Bereicherung des jüdischen Lebens. So ist es in allen
großen jüdischen Zentren in der Welt, so war es in Berlin
vor der Nazizeit. Die Existenz und die Aktivität der alt-
neuen Gemeinde Adass Jisroel in diesem Land stellt
heute – nach 50 Jahren erzwungener Unterbrechung –
einen wichtigen Bestandteil jüdischen Selbstver-
ständnisses, ein Stück jüdischen Pluralismus wieder her.

Mit den neunziger Jahren beginnt eine Zeit radikaler
Veränderung für alle jüdischen Gemeinden in
Deutschland. Sie waren nach 1945 vor allem von Menschen wiedergegründet worden, die der Zweite Weltkrieg und der dann folgende Kalte Krieg zwischen Ost
und West hier hergetrieben hatte. Entweder waren sie
durch die Nationalsozialisten aus ihrer früheren
Heimat in Polen verschleppt worden oder die Sowjetunion hatte sie während des Krieges nach Ostrussland
evakuiert. In beiden Fällen waren sie in ihrer ur-
sprünglichen Heimat enteignet und heimatlos geworden und nun hier gestrandet. Die meisten dieser
„Displaced Persons" blieben nur kurz in Deutschland
und wanderten dann nach Israel oder Nordamerika
aus. Die, die hier blieben, kannten das deutsche Judentum vor dem Nationalsozialismus allenfalls vom Hören-
sagen; sie selbst waren in einer orthodoxen Tradition
aufgewachsen. An der hielten sie fest, ob sie nun
fromm waren und sich an die Gebote hielten oder ihr
religiöses Leben auf wenige Feiertage und Ereignisse
im Lebenszyklus beschränkten. Die wenigen, die in
Deutschland in Verstecken überlebt hatten oder nach
dem Krieg zurückkehrten, mussten sich in diese neuen
Umstände fügen. Religion war in den ersten Jahren

nach 1945 ohnehin nicht das Wichtigste. Und auch die wenigen anderen ausländischen Juden, die es aus beruflichen oder privaten Gründen nach Deutschland verschlagen hatte, hatten nur dann eine Alternative, wenn sie in der Nähe eines großen amerikanischen Militärstandorts lebten. Dort amtierten die Militärrabbiner, und die wiederum gehörten in der Regel der Reform oder dem konservativen Judentum an.

In diese kleinen, alt gewordenen Gemeinden strömen seit Anfang der Neunziger Jahre wieder Menschen aus Osteuropa ein. Dieses Mal kommen sie aus der zerfallenden Sowjetunion. Zuerst reisen sie nach Ostdeutschland in die noch existierende DDR. Die stellt 1990 – erstmals in ihrer Geschichte – Entschädigungen für die überlebenden Opfer in Aussicht. Angesichts des wiedererwachenden Antisemitismus in Russland duldet und begrüßt die DDR-Regierung diese Zuwanderung. Diese Entscheidung führt dazu, dass sich auch die Bundesrepublik nach der Vereinigung der beiden deutschen Staaten bereit erklärt, diese Flüchtlinge aufzunehmen und den Bundesländern zuzuweisen.

Die Gemeinden wachsen dadurch sprunghaft an. Aber im Gegensatz zu den „Displaced Persons" nach 1945 bringen diese Neumitglieder kaum Erfahrung mit einer lebendigen jüdischen Tradition mit. Viele von ihnen leben in gemischten Ehen oder sind in gemischten Ehen aufgewachsen, d.h. ein Partner oder Elternteil ist nicht jüdisch. Längst nicht alle, die von den sowjetischen Ämtern ethnisch als Juden eingestuft wurden, sind es daher auch im Sinne der traditionellen Interpretation des jüdischen Religionsgesetzes, der Halacha. Jüdisch von Geburt an ist nach diesen Regeln nämlich nur das Kind einer jüdischen Mutter. Die Behörden im sowjetischen Vielvölkerstaat richteten sich dagegen

Deutschunterricht für Zuwanderer in der Jüdischen Gemeinde Bad Pyrmont. Foto: privat.

nach der Patrilinearität. Sie stempelten als Volkszugehörigkeit die Abstammung des Vaters in den Pass. Die Einheitsgemeinden in Westdeutschland, die als Körperschaften des öffentlichen Rechtes jeden Juden aufnehmen müssen, zeigen sich wegen der großen Zahl der Menschen, die nun an die Synagogenpforten klopfen, überfordert. Sie tun sich schwer mit den Neuankömmlingen. Gerade in den größeren Gemeinden mit ihren eingefahrenen Strukturen gibt es Streit zwischen Alten und Neuen – manchmal um Posten, oft aber auch darum, ob die mitgebrachten – ehemals sowjetischen – Brauchtumstage in den Räumen der Synagoge gefeiert werden dürfen oder nicht. Sie gehören für viele noch zum normalen Jahresrhythmus: der Internationale Frauentag (8. März), der Tag des Sieges über den Faschismus (9. Mai) und auch der Jahrestag der Oktoberrevolution (7. November). Aus Furcht, von den Neuen übernommen und zu einem russischen Kulturverein degradiert zu werden, betonen die Gemeinden jetzt ihre vorherrschend orthodoxe Prägung. „Rechtgläubig" im Sinne einer konsequenten Beachtung der traditionellen Halacha sind sie nur selten. Aber die strikte Auslegung der Halacha ermöglicht ihnen, die Zahl derer, die sich aktiv am Gemeindeleben beteiligen können, für eine Weile zu reduzieren. Nichtjüdische Ehepartner bleiben vor der

Tür und patrilineare Juden auch, es sei denn, sie entschließen sich zu einer Konversion im Sinne des orthodoxen Verständnisses von Halacha und finden einen Rabbiner, der sie betreut.

Um keine Missverständnisse aufkommen zu lassen: Die Orthodoxie ist alles andere als ein monolithischer Block. Hinter diesem Sammelbegriff verbirgt sich ein breites Spektrum an durchaus widersprüchlichen und widerstreitenden religiösen Auffassungen und Haltungen. Es beginnt bei der nüchtern peniblen Toratreue der Neo-Orthodoxie und endet noch nicht bei den schwärmerisch frommen Chassidim der Chabad-Lubawitsch-Bewegung. Für den gottesdienstlichen Alltag sind einige Merkmale aber allgemein typisch. Dazu gehören, dass

- für einen Minjan – eine gottesdienstliche Gebetsgruppe – 10 jüdische Männer notwendig sind;
- Männer und Frauen beim Gebet voneinander getrennt sitzen müssen;
- die gottesdienstliche Rolle von Frauen in der Führung eines jüdischen Hauses und in der Familie gesehen wird und nicht in der Synagoge. D.h. sie dürfen dort keine aktive Rolle übernehmen, werden nicht zur Tora aufgerufen, zeigen keine Zizit (Schaufäden), tragen keinen Tallit (Gebetsmantel), legen keine Tefillin (Gebetskapsel und Gebetsriemen);
- der Gottesdienst bis auf die Predigt ausschließlich in Hebräisch gehalten wird;
- instrumentale Begleitung am Schabbat generell ausgeschlossen ist und
- der Schabbatgottesdienst meist mehrere Stunden währt.

Dieser Stil wird als traditionell betrachtet und als der kleinste gemeinsame Nenner für eine Einheitsgemeinde verteidigt. Schließlich, so lautet das klassische Argument, könnten nicht-orthodoxe Juden überall beten, während sich orthodoxe (oder traditionelle) streng an ihr Verständnis von Halacha halten müssten und sich an nicht-orthodoxen Gottesdiensten deshalb auf keinen Fall beteiligen könnten. Für die Alteingesessenen ist das selbstverständlich geworden. Die vorherrschende Haltung ist: „Die Synagoge, zu der ich gehöre und in die ich nicht gehe, muss orthodox sein." In Amerika würde man sie etwas despektierlich als Non-observant Orthodox Jews bezeichnen. Hier spricht man eher von den Drei-Tages-Juden: Pessach, Purim, Jom Kippur. Um Weihnachten herum vielleicht noch Chanukka.

Für viele der Einwanderer sind solche Prinzipien neu und fremd, jedenfalls für die, die zuvor nahezu vollständig säkular gelebt haben. Sie müssen sie erst lernen, und nicht alle können sie akzeptieren. Wem Religion und Synagoge gleichgültig sind oder wer sich als ein jüdischer Atheist begreift, der kann damit leben. Wer dann auch noch die Erfahrung mitbringt, dass die Volksbezeichnung „Jüdisch" in den Personaldokumenten mit Diskriminierungen verbunden war, für den hat dieser Status erstmals Vorteile: Er ermöglicht einen völligen Neuanfang und damit auch die Möglichkeit, vom Judentum Abstand zu gewinnen, wenn es einem nichts bedeutet. Wer aber Gemeinde als eine Heimat begreift und dort auch seine religiöse jüdische Identität sucht, der erwägt unter Umständen auch Alternativen.

Auftakte der Erneuerung

Viele der Haupt- und Ehrenamtlichen in den Gemeinden zeigen – trotz der Schwierigkeiten – großes
Engagement, um die Einwanderer zu integrieren und
ihnen den Neuanfang in Deutschland und im hiesigen
Judentum zu erleichtern. Sie vermitteln und gewähren
ihnen soziale Unterstützung, helfen beim Ausfüllen
von Anträgen, beim Besuch von Ärzten, geben
Deutschkurse und erleichtern so die ersten Schritte in
Deutschland. Um sie aber auch mit jüdischem Leben
und jüdischer Tradition vertraut machen zu können,
reicht die vorhandene orthodox-jüdische Infrastruktur nicht aus. Die Gemeinden benötigen die Hilfe von
außen. Und sie erhalten sie auch:

– Bereits Ende der Achtzigerjahre schickt das
  Brooklyner Headquarter der innerjüdisch chassi-
  dischen Missionsbewegung Chabad (Akronym für
  hebräisch: Weisheit, Verstehen, Wissen) ihren ersten
  Rabbiner nach München und gründet dort ein
  Chabad-Center. Im Laufe der Neunziger Jahre entstehen weitere Zentren mit Chabad-Rabbinern in
  Berlin, Köln, Frankfurt a.M., Kiel, Offenbach, Potsdam und Ulm. Aktive Zentren der Lubawitscher,
  wie diese Bewegung nach einem Städtchen in Weiß-
  russland auch genannt wird, gibt es zum Teil schon
  länger auch in Österreich und der Schweiz.
– 1996 eröffnet die Lauder Foundation des amerikanischen Diplomaten und Industriellensohnes Ronald

S. Lauder ein erstes Büro in Berlin und etabliert in Deutschland ein relativ offenes, aber durchaus traditionell ausgerichtetes jüdisches Erziehungsprogramm. Seit 1999 unterhält diese Stiftung in Berlin ein jüdisches Lehrhaus für Erwachsenenbildung und für die Ausbildung von Religionslehrern. Seitdem sind weitere Dependancen entstanden, unter anderem in Hamburg, Frankfurt, Leipzig, Osnabrück und Würzburg.

Die jüdischen Gemeinden haben allen Grund, darauf zu hoffen, dass sie sich erneuern können und dass die Zeit dauerhaft vorbei ist, in der Synagogen geschlossen werden müssen. Noch entstehen jedenfalls an vielen Orten neue, z.T. auch sehr eindrucksvolle Gebäude wie das in Dresden. Die wachsende Zahl neuer Mitglieder eröffnet aber auch völlig neue Optionen. Nicht zuletzt für die Kinder der in Deutschland gebliebenen „Displaced Persons" oder für Juden, die aus beruflichen oder privaten Gründen hierher gezogen sind. Viele von ihnen suchen ein religiöses Angebot, das sich mit dem Pluralismus, den Werten und Lebensstilen, die auch den Rest der Gesellschaft prägen, positiv verbinden lässt. Andere, die bereits in Nordamerika, Großbritannien oder Israel mit der dort mächtigen Reformbewegung, dem konservativen Judentum oder dem Rekonstruktionismus aufgewachsen sind, möchten etwas Ähnliches auch in ihrer neuen Heimat aufbauen. Schon vorher zeichnen sich solche Differenzierungsprozesse ab. Jetzt aber, ab Mitte der neunziger Jahre, werden sie manifest.

Ein neues Phänomen:
die Frau Rabbiner

Rabbiner Bea Wyler. 1995 übernahm sie in Deutschland als erste Frau das Amt des Gemeinderabbiners.
Foto: Burkhard Peter, Berlin.

Als im Sommer 1995 die kleinen Einheitsgemeinden in Oldenburg und Braunschweig mit der Schweizerin Bea Wyler erstmals eine Frau als „Gemeinderabbiner" engagieren, lösen sie einen gewaltigen Presserummel aus. Die erste Rabbinerin im deutschsprachigen Bereich? Bea Wyler ist auch Feministin, und sie wittert hinter der weiblichen Form im Deutschen eine Abwertung. „Ich bin die Frau Rabbiner", korrigiert sie ihre Interviewpartner Ende 1995 in der Zürcher *SonntagsZeitung*. Jeder Gesprächspartner, der diese Sprachregelung nicht kennt, muss sich damit zuallererst auseinandersetzen. Das sei ein akademischer Titel, sagt sie – ähnlich wie Doktor – und dafür sei im Deutschen die weibliche Form nicht angemessen.

Die studierte Agronomin hatte, bevor sie nach fünf Jahren Rabbinerausbildung vom konservativen Jewish Theological Seminary in New York ihre Ordinationsurkunde in Empfang nahm, auch als Journalistin in der Werbeabteilung eines großen Schweizer Chemiekonzerns gearbeitet und in Israel in einem Kibbuz

gelebt. Die öffentliche Resonanz auf ihre Amtseinführung in Oldenburg kommt für sie trotzdem überraschend. Schließlich wurde in Deutschland bereits in
den dreißiger Jahren mit Regina Jonas eine Frau als
Rabbiner geweiht – ein Präzedenzfall, der seine Wirkung allerdings nicht mehr entfalten konnte. Rabbiner
Jonas wurde 1944 in Auschwitz ermordet. Ihre Prü-
fungsarbeit zur Vorbereitung der Ordination an der
Berliner Hochschule für die Wissenschaft des Judentums wurde erst 1999 der Öffentlichkeit wieder bekannt: *Kann eine Frau das rabbinische Amt bekleiden?*
Elisa Klapheck, Redakteurin der Montatsschrift der
Jüdischen Gemeinde zu Berlin, hat sie neu herausgegeben und kommentiert.

Was hier zu Lande bis heute außergewöhnlich ist, ist in
Nordamerika und im Vereinten Königreich Schnee
von gestern. Women Rabbis sind heute keine Exo-
tinnen mehr. Die erste wurde bereits 1972 vom Hebrew
Union College der Reformbewegung ins Amt ein-
geführt. Das Conservative Movement zog 1983 nach
einer langen und schmerzhaften Debatte nach: Mit
Dreiviertel-Mehrheit beschlossen die Gremien des
Jewish Theological Seminary die Ordination von Frauen.
Zwei Jahre später erhielt die erste ihre Semicha.

Dass sie eher der konservativen Richtung verbunden
ist, erkannte Rabbiner Wyler schon auf dem Leo-Baeck-
College, an dem sie ihr Rabbinatsstudium ursprünglich begann. „Ich fühlte mich sehr unglücklich und
wusste nun: Ich bin keine Reformjüdin", zitiert sie die
SonntagsZeitung. Für große Teile des jüdischen Esta-
blishments in Deutschland ist sie gleichwohl ein Ärger-
nis, nicht zuletzt deshalb, weil es ihr gegen alle Erwar-
tungen gelungen ist, aus einer kleinen Gruppe enga-
gierter Oldenburger Jüdinnen eine kräftige jüdische

„Wir waren am Sinai auch dabei!"

25. Mai 1997, Sonntag Nachmittag. Der Leo-Baeck-Saal der orthodox ausgerichteten Düsseldorfer Jüdischen Gemeinde ist trotz des
schönen Wetters bis auf den letzten Platz gefüllt. „Judentum auf
neuen (alten) Abwegen!?", lautet die Frage des Tages. Das Publikum
empfängt eine „Sensation", die nun schon zwei Jahre währt: Bea
Wyler, die Frau Rabbiner von Oldenburg, eingeladen von der Initiative „Junge Jüdische Erwachsene".
Der Diskussionsleiter hat sich eine forsche Frage ausgedacht: „In
welcher Tradition stehen Sie? Wie verstehen Sie für sich Tradition?"
Die Antwort kommt knapp und präzise: „17 Tage bis Schawuot.
Wir waren am Sinai auch dabei. Und das ist die Tradition, auf die
ich mich berufe." Schawuot, das Wochenfest, feierte ursprünglich
die Ernte der ersten Früchte. In der rabbinischen Tradition ist es
umgedeutet worden zu einer feierlichen Erinnerung an die Offenbarung der Tora am Sinai.
Nach orthodoxem Verständnis zählt Rabbiner Wyler als Frau nicht
einmal für einen Minjan, um Tora zu lesen können, geschweige
denn, dass sie berechtigt wäre, als Rabbinerin zu amtieren. Einer ihrer
Diskussionspartner an diesem Nachmittag, der Leiter des Heidelberger Zentralarchivs zur Erforschung der Geschichte der Juden in
Deutschland, Peter Honigmann, schließt sich dieser Position an
und beruft sich auf die großen Rabbinen im Mittelalter. Auch Bea
Wylers Erfolg in ihren Gemeinden kann ihn nicht davon abbringen.
Er lehnt Frauen in liturgischen Rollen prinzipiell ab: „Ich glaube,
das Judentum ist kein Marketing-Unternehmen. Wir müssen uns
nicht immer nur nach Angebot und Nachfrage richten. Es geht um
ganz bestimmte Grundsätze. Und ich kann nicht glauben, dass
man das Judentum erhält, in dem man es gleichzeitig hintenrum
abbaut. Das ist eine Täuschung. Dann ist Lebendigkeit da, dann
ist Bewegung da, aber dann hat es eines Tages wirklich nichts
mehr mit Judentum zu tun."
Das Publikum in Düsseldorf ist unsicher. Manche fürchten, es könnte
ein Gefühl vom Fremdheit in der Gemeinde entstehen. Eine Frau
äußert Sorge um die Harmonie zwischen den Geschlechtern, wenn
Frauen in Männerdomänen eindringen. Ein Mann deutet sogar die
Möglichkeit der Spaltung an. Für den damaligen Gemeinderabbiner von Düsseldorf, Michael Goldberger, ist dies das einzige
Argument das zählt. Die wenigen wirklich Aktiven sollen nicht aus

der Gemeinde herausgetrieben werden. Er plädiert für eine tolerantes Nebeneinander von Tradition und Erneuerung. Vom jüdischen Religionsgesetz her sieht er keine Probleme mit der vollen Gleichberechtigung der Frauen: „Mein Standpunkt ist sehr eindeutig. Ich halte Frauen als Rabbiner und Frauen, die aus der Tora lesen und lernen, für keine Gefahr des Judentums, sondern für eine Bereicherung. Ich halte aber die Leute, die nicht in die Synagoge kommen, die überhaupt nichts lernen, die säkularisieren und sich assimilieren, für die wirkliche Gefahr. "

Gemeinde von fast 300 Mitgliedern zu machen. Die leistet heute einen aktiven Beitrag dazu, Juden aus der ehemaligen Sowjetunion an das Judentum heranzuführen. Ihre Frau Rabbiner indes hat die deutsche Rabbinerkonferenz bis vor kurzem ignoriert und nicht zu ihren Sitzungen eingeladen. Das hat sich zwischenzeitlich geändert, bemerkte die Vizepräsidentin des Zentralrats der Juden in Deutschland, Charlotte Knobloch, am 10. Oktober 2002 in einem Interview mit der *Jüdischen Allgemeinen*. Die Rabbinerkonferenz ist freilich nur ein reines Konsultationsorgan. Sie hat nichts zu entscheiden. Wichtiger für Bea Wyler dürfte sein, zu den 1500 Mitgliedern der konservativen Rabbinical Assembly zu gehören, die ihren Sitz in New York am Jewish Theological Seminary hat. Dort findet sie halachischen Rat, wenn sie welchen benötigt.

Ihre Gemeinden – zurzeit sind es Oldenburg und Delmenhorst – führt sie nach egalitären Grundsätzen: Männer und Frauen sind gleichberechtigt bis in die zentralen Gebete. In der Amida – dem jüdischen Gemeindegebet schlechthin – gedenken sie nicht nur der Erzväter Awraham (Abraham), Jizchak (Isaak) und Jaakow (Jakob), sondern auch der Erzmütter Sara, Riwka (Rebekka), Rachel (Rahel) und Lea. Frauen und

Männer sitzen im Gottesdienst nicht nur zusammen, sondern leiten ihn auch gemeinsam, und Frauen können genauso wie Männer bei der Toralesung die Lobsprüche vortragen. Sie dürfen selbstverständlich auch selbst aus der Torarolle kantillieren, wenn sie die unpunktierten hebräischen Texte lesen können und die Melodien der Gebetstropen beherrschen. Frauen lernen im Übrigen auch wie die Männer Tefillin (Gebetsriemen) zu legen.

Die Jüdische Gemeinde Oldenburg wird zwar auf der Internetseite der Europäischen Vereinigung der konservativen Gemeinden (Masorti) als Mitglied geführt, sie versteht sich aber selbst als Einheitsgemeinde und in einem loyalen Verhältnis zum Zentralrat der Juden. Wer jüdisch ist, so das Selbstverständnis, gehört im Prinzip zur Jüdischen Gemeinde Oldenburg, unabhängig davon ob er oder sie liberal, konservativ, orthodox oder auch atheistisch ausgerichtet ist. Ähnlich hält es die Jüdische Gemeinde Weiden. Sie ordnet sich dem konservativen Judentum zu, ist aber zugleich die örtliche Einheitsgemeinde. Rabbinisch betreut wird sie von Gesa Ederberg, Absolventin des Jerusalemer Schechter Institutes for Jewish Studies. Sie leitet auch das Büro des Masorti-Vereins, der sich im August 2002 in Berlin der Öffentlichkeit vorgestellt hat. Er kooperiert u.a. mit Masorti Olami, dem internationalen Rat der konservativen Synagogen.

EIN SPEKTAKULÄRER KRACH – EINE NEUE GEMEINDE

Samstag, 25. November 2000. Im Gemeindezentrum der Liberalen Jüdischen Gemeinde Hannover wird das Ende des Schabbats gefeiert: Hawdala (Trennung). Die kleine Zeremonie trennt den wöchentlichen Feiertag von den übrigen Wochentagen mit Wein, duftenden Gewürzen und dem Licht der Hawdala-Kerze. Das Licht erinnert an die Schöpfung der Welt, die Gewürze sollen noch einmal die wohltuende Atmosphäre des vergangenen Schabbat ins Gedächtnis rufen, und der Wein symbolisiert den überfließenden Segen Gottes. Der Wochentag war bewusst gewählt, denn Hawdala ist auch ein Signal für neuen Aufbruch. Die Liberale Jüdische Gemeinde Hannover feiert ihren 5. Geburtstag. Warum genau es Mitte der neunziger Jahre in der Jüdischen Gemeinde Hannover nicht mehr auszuhalten war, darüber mag heute niemand mehr sprechen. Es gab Funktionäre, mit denen man nicht mehr zusammenarbeiten konnte, Stilfragen spielten eine Rolle, Unstimmigkeiten bei Vorstandswahlen, es ging auch um Geld. Die Auseinandersetzungen waren massiv und von juristischen Scharmützeln begleitet. Parallel dazu schwelte ein anderer Konflikt. Nach einer rauschenden Feier zum Anlass der Bar Mitzwa einiger Jungen in der Gemeinde hockten Frauen zusammen und fragten sich, was für ein Fest ihre Töchter denn zu erwarten hätten, wenn sie in dieses Alter kämen. Bei

Sie bereiteten die Gründung der Neuen Jüdischen Gemeinde Hannover vor:
v.l.n.r. (unten) Wladimir Rabinowitsch, Amnon Gildor, Katarina Seidler,
(2. Reihe) Ingrid Willing, Ingrid Wettberg, Edith Toubiana, Samuel Frenkel,
Marek Fischl, Artur Michalowitz, (letzte Reihe) Chana von Eickstedt, Angelika
Aram, Alisa Bach, Jakov Landa.   Foto: privat.

einem 12-jährigen Mädchen stand die Frage aktuell an.
Denn Bar Mitzwa ist für Jungen. Ein vergleichbares
Ritual für Mädchen gab es nicht in Hannover. Einige
Frauen gründeten ein Diskussionsforum in der Hoffnung, dass ihnen früher oder später gleiche oder ähnliche Rechte in Gottesdienst und Ritual zuteil werden
könnten, wie sie in den meisten Gemeinden Amerikas
gang und gäbe sind. Unterstützung erhielten sie von
Henry G. Brandt, damals Landesrabbiner von Niedersachsen. Als er an Simchat Tora (Torafreudenfest)
einer dieser Frauen eine Torarolle in den Arm legt, um
sie damit an den freudigen Umzügen zu beteiligen,
gibt es einen Tumult. Für einen Teil der Gemeindemitglieder ist das ein Skandal, für einen anderen ein
Signal der Hoffnung. Aber als der niedersächsische
Landesverband der jüdischen Gemeinden den Vertrag
seines Rabbiners nach zwölf Jahren im Amt nicht mehr
verlängerte, war den Frauen der Rückhalt abhanden

gekommen.

Irgendwann eskalierten die Konflikte. Am 20. September 1995 schließlich verließen 79 Jüdinnen und Juden ihre alte Gemeinde und gründeten eine neue, die Neue Jüdische Gemeinde Hannover. Liberal oder gar progressiv nannten sie sich damals noch nicht. Eigentlich hatten sie nur das Ziel, eine pluralistische Gemeinde aufzubauen, eine echte Einheitsgemeinde, in der unterschiedliche Strömungen ihren Platz finden könnten. Dass sie sich dann der gerade entstehenden progressiven Bewegung in Deutschland anschlossen und sich in Liberale Jüdische Gemeinde Hannover umbenannten, das hat nicht zuletzt mit neuen Erfahrungen zu tun. Ohne Rabbiner, ohne Personal, ohne Räume waren sie ganz auf sich gestellt. „Wir mussten uns mit Dingen beschäftigen, die uns früher abgenommen wurden", berichtet Katarina Seidler, die Gründungsvorsitzende. Der Platz der Frauen war bislang auf der Galerie. Jetzt werden sie zu treibenden Kraft. Von allen wird erwartet, dass sie sich engagieren und sich mit den vielen Details auseinandersetzen, die für den Erfolg notwendig sind: Wie gestaltet man einen Gottesdienst? Wie feiert man die jüdischen Feste? Was schreibt man in einen Gemeindebrief? Wer mietet welchen Raum für den nächsten Freitagabendgottesdienst? Wer bringt was mit zum Kiddusch (Segensspruch über Wein, meist in Verbindung mit einer Mahlzeit im Anschluss an den Gottesdienst)? Wer vertritt die Gemeinde nach außen? Wer beteiligt sich an den interreligiösen Gesprächen mit den anderen Glaubensgemeinschaften der Stadt? Und wie kann diese neue Gemeinde verhindern, dass sie allein auf weiter Flur bleibt?

Diese Herausforderungen setzen nicht nur ungeahnte Kräfte frei, sondern sie haben fast zwangsläufig eine neue Orientierung zur Folge. Gottesdienste können

Nicht mehr auf der Frauengalerie

Im liberalen Judentum sind Frauen gleichberechtigt. Vielleicht stehen sie deshalb so oft an der Spitze von Gemeinden oder engagieren sich in wichtigen Funktionen im Hintergrund. Sieben Beispiele:

Drei Frauen an der Spitze in Hannover!
Alisa Bach (Mitte), Katarina Seidler (links),
Ingrid Wettberg (rechts).
Foto: privat.

Alisa Bach, in Israel geboren als Tochter von Holocaustflüchtlingen, kehrte als Kind mit ihrer Familie 1959 nach Deutschland zurück, studierte Jura und Sozialwissenschaften und engagierte sich: zuerst in der Zionistischen Jugend Deutschlands, dann in der Studenten- und Frauenbewegung. 1972 erlebte sie in München als Olympia-Hostess das Attentat auf die israelische Mannschaft. 1988, nach der fatalen Jenninger-Rede zum Gedenken an das Novemberpogrom, wird die Juristin und Leitende Kommunalbeamtin in der Jüdischen Gemeinde Hannover aktiv. 1995 gehört sie zu denen, die sich eine neue religiöse Heimat schaffen, die Liberale Jüdische Gemeinde Hannover. Ihre Schwerpunkte sind Religionsunterricht und Liturgie.

„In Pennsylvania gehörte ich zu einer Konservativen Gemeinde", erinnert sich **Rachel Dohme**. Sie war aktiv in einer jüdischen Jugendbewegung und träumte davon, Rabbinerin zu werden. Aber dann lernt sie einen deutschen Doktoranden kennen, heiratet ihn und folgt ihm über den großen Teich ins Weserbergland. „Mein Vater wurde früher schon wütend, wenn Deutschland nur erwähnt wurde", erzählt sie. „Aber er war stolz, als er erfuhr, dass ich hier eine Jüdische Gemeinde gegründet habe." Anfang der neunziger Jahre kommen nämlich jüdi-

Rachel Dohme,
Hameln.
Foto: privat.

sche Flüchtlinge aus der ehemaligen Sowjetunion nach Hameln. Rachel besucht sie regelmäßig, hilft ihnen bei ihren ersten Schritten zu Behörden und Arbeitgebern, erklärt das Judentum und feiert mit ihnen jüdische Feste. 1997 entsteht daraus die Gemeinde.

Polina Pelts kommt ursprünglich aus Odessa, doch seit 1992 lebt sie in Hameln. Sie gehört hier zu den Gründerinnen der Jüdischen Gemeinde. „Von meiner Religion wusste ich nicht viel, als ich nach Deutschland kam." Sie findet sich aber schnell zurecht in der neuen Heimat. Nun sitzt sie fast jeden Tag im Gemeindebüro und versucht, ihre Erfahrungen weiter zu geben: Welche Formulare muss man wo ausfüllen? Wie erklärt man dem Arzt,

Polina Pelts, Hameln.
Foto: privat.

wo es weh tut? Wo gibt es Arbeit und Wohnung? Sie versteht das als eine Mitzwa. „Wenn man diese Sorgen los ist", glaubt sie, „dann wird auch der Kopf frei für die Religion. Auch ich habe ganz von vorn angefangen und lerne immer noch dazu. Aber mir tut das gut. Ich bin stolz darauf, Jüdin zu sein."

Lauren Rid, München.
Foto: privat.

Im Vorstand der Liberalen Jüdischen Gemeinde Beth Shalom in München mischt **Lauren Rid** seit 1995 mit, die meiste Zeit als Vorsitzende. Aufgewachsen in einer konservativen New Yorker Gemeinde, konnte sie mit der orthodox geprägten Israelitischen Kultusgemeinde der bayerischen Landeshauptstadt wenig anfangen und schloss sich deshalb einer privaten englischsprachigen Chavura an. Andere suchten auch eine Alternative, und so wurde die Gruppe allmählich immer internationaler. Unter Laurens Leitung entwickelt sich daraus eine liberale Gemeinde, seit 1997 hat sie auch kontinuierlich einen Rabbiner. Nach der Geburt ihres dritten Kindes tritt die studierte Literaturwissenschaftlerin und freiberufliche PR-Journalistin etwas kürzer. Im Vorstand ist sie heute für den Religionsunterricht verantwortlich.

Eleonore Lappin war schon 1990 dabei, als im Wiener Hotel Imperial erstmals ein liberaler jüdischer Gottesdienst durchgeführt wurde. Etliche Jahre wirkte sie im Vorstand von Or Chadasch Wien mit, organisierte den Religionsunterricht und bereitete die Feiertage vor. Heute ist sie nur noch an der Redaktion von *Keschet* beteiligt, dem Mitteilungsblatt der Union progressiver Juden in Deutschland, Österreich und der Schweiz. Es ist vor allem die Gleichberechtigung der Frauen bei den Liberalen, die für die Historikerin am St. Pöltner Institut für Geschichte der Juden in Österreich bis heute attraktiv ist.

Eleonore Lappin, Wien.
Foto: privat.

Annette Böckler, Berlin.
Foto: privat.

Bereits Anfang der achtziger Jahre begeistert sich **Annette M. Böckler** für die hebräische Sprache. Während ihres Studiums der Judaistik, Alt-Orientalistik und Theologie vertieft sie sich in jüdische Gebetbücher, Midraschim und Bibelkommentare. Im Sommer 1996 wird sie von der Münchener Gemeinde Beth Shalom gebeten, die Liturgie zur Amtseinführung von Oberrabbiner Walter Jacob in eine moderne liturgische Sprache zu übersetzen. Gleich danach nimmt sie sich die hebräischen Texte im Seder hatefillôt vor. Sie überträgt Gunther Plauts Tora-Kommentar ins Deutsche und revidiert Moses Mendelssohns Toraübersetzung. Ihr jüngstes Werk ist ein Sachbuch zum jüdischen Gottesdienst. Heute lehrt sie Bibel, Liturgie und Hebräisch am Abraham Geiger Kolleg in Potsdam.

Deborah Tal-Rüttger ist im Vorstand der Union progressiver Juden in Deutschland die Liturgieexpertin. Für den normalen Gemeindegebrauch hat die musikalisch ausgebildete Israelin die wesentlichen Gesänge des Gottesdienstes auf eine Lernkassette gesungen. Zuhause in Gudensberg in ihrer Jüdischen Liberalen Gemeinde – Emet we Schalom verfolgt sie einen höheren Anspruch. Vor allem an Fest- und Feiertagen soll der Gottesdienst auch eine besondere ästhetische Qualität haben. Teile davon sind fast kleine Solokonzerte; den normalen Schabbatgottesdienst variiert sie mit immer neuen Melodien für die gemeinsamen Gesänge. „Mit Musik kann man die Stimmung eines Gebets empfinden", meint sie, „auch dann, wenn man Hebräisch noch nicht gut versteht."

Deborah Tal-Rüttger,
Gudensberg.
Foto: Reimund Rüttger.

nicht mehr nur konsumiert, sondern müssen bedacht werden. Die, die sie organisieren, entdecken, experimentieren und erklären. Das machen jetzt überwiegend Frauen. Zu den hebräischen Gebeten, Liedern und Lesungen kommen nun deutsche Texte; einiges wird für die steigende Zahl der Juden aus der ehemaligen Sowjetunion ins Russische übersetzt. Männer und Frauen tragen hier beide Tallit (Gebetschal) und Kippa (Kopfbedeckung bei Gebet und Gottesdienst). Frauen und Männer werden zur Tora gerufen. Sie sitzen, lernen und feiern zusammen. Alle wissen heute besser als früher, worum es eigentlich in ihrem Gottesdienst geht.

„Wenn man ehrlich ist, ist es bei uns so gewesen, dass sich die liberale Richtung mit der Zeit erst angeboten hat als eine Möglichkeit", erläutert eines der männlichen Gründungsmitglieder in Hannover im Gespräch:

Meine Vorstellung ist immer gewesen, liberales Judentum ist weniger religiös als das orthodoxe. Die Wahrheit ist genau umgekehrt, musste ich feststellen. Als ich das erste Mal bei den Treffen der Union progressiver Juden

in Arnoldshain war, wo viele liberale Juden aus ganz
Deutschland zusammen gekommen sind, da merkte ich,
dass bei diesen Gottesdiensten, auch bei den Diskus-
sionen und Veranstaltungen, die es dort gegeben hat, eine
tiefe Religiosität im Spiel ist. Das hat mich sehr über-
rascht. Es wird viel hinterfragt, alles wird bewusster ge-
macht. Es werden Hintergründe einbezogen. Es wird nach
dem Warum gefragt. Es wird kritisiert. Alles Dinge, die
mich im Leben weiterbringen und die zeigen, dass unse-
re ethisch-moralisch Grundlagen auch für mein alltäg-
liches Leben und den Umgang mit anderen Menschen –
nicht nur mit Juden – bedeutsam sein können. Liberales
Judentum ist also nicht eine etwas weniger zwanghafte
Orthodoxie, sondern ein bewusstes jüdisches Leben.

„Zu Anfang sind wir ein bisschen belächelt worden",
erinnert sich Ingrid Wettberg, die Vorsitzende der
Liberalen Juden in Hannover bei der 5-Jahres-Feier im
gemieteten Gemeindezentrum unweit der Synagoge der
„alten" Gemeinde in der Haeckelstraße. „Ach was, hat
man gesagt, die sind ein Kulturverein, und das erledigt
sich alles ganz schnell. In 'nem halben Jahr sind die alle
wieder weg. Es war aber nicht so!" Mit über 350
Mitgliedern stellen die Liberalen in Hannover heute
zwar nicht die größere, aber dafür die vitalere der beiden jüdischen Gemeinden in der niedersächsischen
Landeshauptstadt. Sie bieten ein breites Spektrum,
angefangen von Religionsunterricht und Gottesdiensten über kulturelle Veranstaltungen, Sozialbera-
tung, Deutschkurse bis hin zu aktiver Kinder- und
Jugendarbeit und einer Frauengruppe. Sogar die
Hannoversche WIZO (Women's International Zionist
Organisation) hat hier ihren Unterschlupf gefunden
und lädt regelmäßig zu Basaren ein.

Aufbruch der Progressiven

Rumort hat es in der ersten Hälfte der neunziger Jahre an vielen Orten. Einen typischen Fall schildert Carl S. Ehrlich in der Sommer-/Herbstausgabe des *CCAR Journal* (Central Conference of American Rabbis). In Heidelberg hatte sich für kurze Zeit unter seiner Führung als Gemeindevorsitzender eine liberale Gruppe mit den traditionell orientierten Mitgliedern geeinigt, sowohl einen liberalen Familiengottesdienst anzubieten als auch einen nach orthodoxem Ritus. Orientierungspfeile in der Synagoge wiesen den Betern den Weg zu den jeweiligen Gebetsräumen, bis schließlich bei einer Vorstandssitzung der Landesrabbiner von Baden einschritt:

Als Landesrabbiner könne er nicht erlauben, dass das Wort „liberal" in irgendeiner seiner Gemeinden auch nur erwähnt werde. Liberale Juden, die er ausdrücklich mit Christen gleichsetzte, hätten keinen Platz in irgendeiner der Einheitsgemeinden von Baden. Die Mehrheit des Vorstandes entfernte pflichtgemäß das Schild und stimmte dafür, jede Art des liberalen Ausdrucks im Zusammenhang mit der Heidelberger Gemeinde als unrechtmäßig zu betrachten sei.

So sind die Verhältnisse in vielen Gemeinden. 1995 beginnt deshalb an vielen Orten eine Zeit der Rebellion und des Aufbruchs. Sarkastisch bilanziert am

25. Mai 2000 Leibl Rosenberg in der *Allgemeinen Jüdischen Wochenzeitung*: „Wir sind wieder wer, wir stehen auf dem Plan." Er polemisiert gegen „die Einmischung von US-Organisationen in deutsch-jüdische Angelegenheiten" und meint damit nicht etwa die Aktivitäten der Lauder-Foundation oder der Chabad-Bewegung, sondern die des Reformjudentums, insbesondere die der World Union for Progressive Judaism. Einzelne ihrer Vertreter waren freilich stets gern gesehene Gäste. Sie bestritten vor allen anderen die jüdischen Festreden und Debattenbeiträge in der Woche der Brüderlichkeit und bei anderen christlich-jüdischen Dialogveranstaltungen. Insbesondere Dozenten des progressiven Londoner Leo-Baeck-Colleges, aber auch Rabbiner aus den USA und Kanada haben sich daran immer wieder aktiv beteiligt.

Das erste größere Treffen nicht-orthodoxer Juden in Deutschland Anfang April 1995 wird von ihnen allenfalls inspiriert. Die Initiative kommt aus den eigenen Reihen. Sie hat eine längere Vorgeschichte, aber dann geht auf einmal alles sehr schnell. Zwei Jahre später bereits, im Spätherbst 1997 gründen mit Unterstützung der Weltunion zehn liberale Gemeinden eine Union progressiver Juden in Deutschland, Österreich und der Schweiz.

Eine Botschaft an den Einzelnen

Ein Blick in die Geschichte – London 1926

Washington DC im März 2001. Wieder ein Jubiläum. Die Eröffnung der Jacobson-Schule in Seesen vor 200 Jahren gilt bei liberalen Juden weltweit als der Beginn ihrer Bewegung. Das 19. Jahrhundert war in Deutschland vor allem eines der neuen Formen, der großen Rabbinerkonferenzen mit ihren kontroversen Debatten und der allmählichen Differenzierung in verschiedene Strömungen. Die erste Weltkonferenz der liberalen

Zedaka-Boxen, Sticker und Jacobson-Tempel – Auslagen am deutschen Stand während der 30. internationalen Konferenz der World Union for Progressive Judaism in Washington, 11.-8. März 2001. Foto: Heinz-Peter Katlewski.

Juden ist deshalb international besser im Gedächtnis. Sie fand vor knapp 75 Jahren in London statt. Es war zugleich die Gründungskonferenz der World Union for Progressive Judaism, oder wie man damals ins Deutsche übersetzte: des Weltverbandes für religiös-liberales Judentum.

Auch einer der herausragenden Gelehrten des deutschen Judentums dieser Jahre hatte sich damals angemeldet.

63

Aber er konnte dann doch nicht kommen: Rabbiner Leo Baeck. Sein Referat wurde verlesen. Gegen ein bloßes Gruppenverhalten, gegen eine nur konventionelle Religiosität aus Sitten und Bräuchen, so betonte er, wolle das liberale Judentum das Individuum ermuntern, sich mit der Religion intensiv auseinander zu setzen. Sowohl der kritische Verstand als auch die individuelle religiöse Sehnsucht seien wichtig, um sich zu einer ethischen Persönlichkeit zu entwickeln:

In dem Menschen mit all seiner Individualität soll die Religion lebendig werden, damit sie ihn nicht nur umgebe, sondern in seinem Ich lebe, und sein Ich in ihr entfalte und gestalte. Wenn so die Religion das Individuum zu erfassen vermag, dann bleibt und wächst sie im Menschen, auch wenn das Milieu schwindet oder wenn er das Milieu verlässt. Er bleibt auch dann ein Mensch der Religion.

Knapp die Hälfte der hundertvierzig Delegierten der Tagung von 1926 kam aus Nordamerika, 30 Prozent waren aus England – und immerhin 20 Prozent aus Deutschland. Deutschland galt aber unumstritten als die Quelle der Reformbewegung. Die Idee für eine solche internationale Organisation nicht-orthodoxer Juden kursierte hier auch schon vor dem Ersten Weltkrieg. In Berlin hatte man bereits 1913 erste Vorbereitungen für eine internationale Tagung getroffen. Der Krieg machte das Vorhaben unmöglich. Mehr als ein Jahrzehnt später nahmen sich zwei Persönlichkeiten aus London dieses Projektes an: Die Baroness Lily Montagu hatte die Vision, war Initiatorin und Motor, während Claude Montefiore die theologischen Ideen formulierte. Anfang des Jahrhunderts hatten sie in Großbritannien bereits eine liberale Bewegung begründet, die Jewish Religious Union und 1911 in London die erste ausdrücklich liberale Synagoge im Vereinten Königreich eingeweiht – die Liberal Jewish Synagogue. Am Samstag, den 10. Juli 1926 begrüßte der viel gereiste Claude Montefiore (1858-1938) die Delegierten mit einer Beobachtung:

Ein entschieden liberaler Rabbiner aus Deutschland würde zweifellos etwas erstaunt sein über die äußere Form des Gottesdienstes, die ihm in einigen amerikanischen Reformtempeln entgegentritt, während der amerikanische Rabbiner wieder in anderer Weise verwundert ist, wenn er den Gottesdienst in einer liberalen deutschen Synagoge besucht. Aber diese äußeren sichtbaren Unterschiede sind nur von sekundärer Bedeutung. Diese Feststellung und die Tatsache, dass diese Verschiedenheit überhaupt besteht, ist vom Wesen des liberalen Judentums nicht zu trennen. In ihnen waltet schließlich ein Geist; gemeinsame Grundsätze verbinden sie alle.

DIE
ERSTE WELTKONFERENZ
LIBERALER JUDEN
Reden - Diskussion - Beschlüsse

Gründungsversammlung der World
Union for Progressive Judaism

LONDON 10.–12. JULI 1926

Deutsche Ausgabe herausgegeben von der
World Union for Progressive Judaism
(Deutsche Sektion: Vereinigung für das liberale Judentum E. V.
Berlin SW 48, Wilhelmstraße 147

1926 kamen zum ersten Mal liberale Juden aus aller Welt zu einer internationalen Tagung zusammen. Sie wurde zur Gründungsversammlung der World Union for Progressive Judaism, London 1926.

Lilian (Lily) Helen Montagu (1873-1963)

Lilian (Lily) Helen Montagu CBE (1873-1963) gründete nicht nur die Union of Liberal & Progressive Synagogues in England, sondern auch die World Union for Progressive Judaism.
Foto: Archiv der West Central Liberal Synagogue, London.

Aufgewachsen in einem orthodoxen jüdischen Haus, suchte die Bankierstochter schon in jungen Jahren eine sinnvolle Aufgabe abseits der klassischen Frauenrollen der gehobenen Gesellschaft. Bereits mit 17 Jahren versuchte sie mit ihrer Schwester, etwas Praktisches für Mädchen aus der Arbeiterschaft zu tun und organisierte Abendschulen. Zwei Jahre später gründete sie mit ihrer Cousine in London einen Arbeiterbildungsverein für berufstätige jüdische Mädchen, den West Central Jewish Girls Club.

Als der Nationalsozialismus seinen Vernichtungsfeldzug gegen das europäische Judentum begann, rief sie einen Flüchtlingsfonds ins Leben, um möglichst viele Menschen vor dem Untergang zu retten. Die Frauenfrage und die Jugendsozialarbeit beschäftigten sie ihr ganzes Leben lang. Ihre religiösen Anliegen waren eng damit verknüpft. Im Zentrum stand die Frage: Wie kann das Judentum unter den Bedingungen der Moderne neu verstanden und neu gelebt werden – ohne die Substanz der Religion aufzugeben?

Unter dem Einfluss der Schriften von Claude Montefiore gehörte sie Anfang des 20. Jahrhunderts zu den Gründern des liberalen Judentums in Großbritannien. Sie predigte als erste Frau in Großbritannien regelmäßig in Synagogen, vor allem in der Liberal Jewish Synagogue von London und in der von ihr selbst gegründeten West Central Jewish Congregation.

Lily Montegu war bis 1954 ehrenamtliche Generalsekretärin dieser internationalen Vereinigung religiös liberaler Juden, bis 1961 deren Präsidentin und danach ihre Ehrenpräsidentin.

Spiritus Rector der ersten Stunde: Claude Montefiore

Im Vereinigten Königreich gilt er in diesen Tagen als der Vordenker einer jungen und noch kleinen prononciert progressiven Bewegung. Aufgewachsen ist auch er allerdings in einer orthodoxen Familie. Große Erbschaften ermöglichen ihm später, sich ganz philanthropischen Aktivitäten und religiösen Forschungen zu widmen.

1879, als er zum Studium nach Berlin an die neun Jahre zuvor von Abraham Geiger gegründete Hochschule für die Wissenschaft des Judentums geht, ist er noch fest entschlossen, sich auf das Amt als Rabbiner der West London Synagogue vorzubereiten. Doch er verfolgt diesen Lebensplan später nicht weiter. Die britische Reform führte nicht so grundsätzliche Debatten wie in Deutschland, und so erscheint das, was einst als revolutionär galt, einige Jahrzehnte später schon konservativ. Montefiore jedenfalls führen seine finanzielle Unabhängigkeit und der erfolgreiche Verlauf des Studiums zu einer anderen Konsequenz: Er wird Privatgelehrter und freier Religionsforscher. Einen seiner Berliner Lehrer lädt er 1882 ein, ihm nach London zu folgen, um ihn dort weiter zu unterweisen: Solomon Schechter. Dieser einst chassidische Rabbiner hatte sich aus der Chabad-Bewegung gelöst und einen Ruf als ausgezeichneter Kenner und Interpret der rabbinischen Literatur erworben. An der Hochschule

Claude Joseph Goldsmid-
Montefiore (1858-1938) war
eine der führenden Persönlich-
keiten des britischen liberalen
Judentums. Er war einer der
Gründer der World Union for
Progressive Judaism und ihr
erster Präsident.
Foto: Liberal Jewish
Synagogue, London.

hatte Montefiore bei ihm Halacha gehört. Er bekennt
später, ihm dafür sehr viel zu schulden. Schechter wird
später Präsident des Jewish Theological Seminary in
New York und dann auch Gründer der United
Synagogue of America, die den größten Teil der
konservativen Synagogengemeinden in Nordamerika
vereinigt.

Obwohl sie eine enge Freundschaft verbindet, gehen
beide theologisch eigene Wege. Gemeinsam sind ihnen
die Erkenntnisse der Aufklärung und der Reformbewegung des 19. Jahrhunderts in Deutschland und
Amerika, dass weder schriftliche noch mündliche Tora

uneingeschränkt als Offenbarung begriffen werden können, sondern unvermeidlich menschliche Elemente enthalten, die nur aus kulturellen Einflüssen und speziellen Problemen erklärbar sind und wiederum von den Umständen der Zeit und der Umgebung abhängig sind. Dass das Judentum, seine Geschichte und seine Quellen kritisch und wissenschaftlich untersucht werden dürfen und müssen, ist zwischen beiden nicht strittig. Sie stimmen sogar darin überein, dass Offenbarung nicht auf das Ereignis am Sinai oder die rabbinische Weisheit der Antike oder des Mittelalters beschränkt werden kann, sondern neue sittliche Gebote schon zu biblischen Zeiten durch die Propheten formuliert wurden und deshalb prinzipiell zu jeder Zeit neu gefasst werden können. Aber was daraus folgt, darüber gibt es keinen sicheren Konsens.

Brauch und religionsgesetzliche Überlieferung stehen für Schechter nicht ohne weiteres zur Disposition. Für ihn ist die Geschichte eine Realität, der Tribut zu zollen ist. Und das gilt eben auch für den traditionellen Umgang mit der Halacha. Gerade weil die Theologie strittig ist, ist das ethische Regelwerk im Judentum so wichtig. Korrekturen sind notwendig. Aber es soll sie nur dort geben, wo im „katholischen Israel" ein breiter Konsens möglich ist. Mit anderen Worten: Innerhalb der jüdischen Gemeinschaft, vor allem aber bei ihren halachischen Autoritäten, muss eine große Mehrheit zustimmen. Damit steht er in der Tradition des 1875 verstorbenen Rabbiners Zacharias Frankel. Der wurde 1854 in Breslau Gründungsdirektor einer wissenschaftlich ausgerichteten Rabbinerausbildungsstätte, des Jüdisch-Theologischen Seminars. Er vertrat die sogenannte Mittelpartei im deutschen Judentum: die „positiv-historische" oder „konservative" Richtung.

In den ersten Jahren der amerikanischen konservativen Bewegung werden halachische Entscheidungen noch über informelle Konsultationen gefällt. 1927 – 12 Jahre nach Schechters Tod – wird schließlich eine zentrale Autorität gegründet: das Committee on Jewish Law and Standards (CJLS). In diesem Gremium verabschieden Rabbiner der unterschiedlichen Strömungen innerhalb der United Synagogue of America religionsgesetzliche Gutachten, die dieser Bewegung eine verbindliche Orientierung geben.

OFFENBARUNG UND GEWISSEN

Montefiore zieht deutlich radikalere Konsequenzen als Schechter und stellt sich damit in die Nachfolge eines zeitweiligen Kontrahenten von Zacharias Frankel in Breslau – in die des Theologen und liberalen Rabbiners Abraham Geiger. Der gründete 1872 die Hochschule für die Wissenschaft des Judentums in Berlin. Montefiore bestreitet das Recht der Gemeinschaft, mit Riten und Vorschriften Autorität beanspruchen zu können. Der Einzelne müsse letztlich die Entscheidung über das sittlich Gebotene oder Verwerfliche treffen. Er gesteht Bibel und rabbinischer Tradition zwar eine göttliche Inspiration zu, aber er weigert sich, diesen Überlieferungen schon deshalb Verbindlichkeit zuzusprechen. Dazu veranlassen ihn zwei Gründe:

1. Er betrachtet die Texte differenziert: Es gäbe darin durchaus minderwertige Elemente, die nur im Zu-

sammenhang ihrer Zeit zu verstehen seien. Und es gäbe höherwertige, die in jede Zeit hinein sprechen könnten. Die Beschneidung als Zeichen des Bundes jedenfalls hält er für eine biblische Rohheit, der das rabbinische Judentum ein unangemessen großes Gewicht beimesse. Und kleinliche Debatten, etwa darüber, ob man am Schabbat ein Taschentuch tragen dürfe, findet er kindisch.

2. Offenbarung ist für ihn eben kein bloß historisch übernatürliches Geschehen. Das Göttliche kann der einzelne – nach seiner Erkenntnis – auch aus unvoreingenommenem Fragen und kritischer Untersuchung erfahren: „Nur was uns Vernunft und Gewissen als richtig bestätigen, das können wir akzeptieren. Denn nur sie und nicht das Buch haben die höchste Autorität. Sie untersuchen das Buch; es ist nicht das Buch, das sie ihnen vorschreibt." Montefiore will nicht aus der Tradition fliehen; aber er akzeptiert für die Weiterentwicklung der jüdischen Religion keine traditionellen Normen: „Diese Kombination aus Vernunft und Gewissen des einzelnen mit all der darin versammelten und geprüften Weisheit und Erfahrung – sei sie eingeschlossen in Bücher, Codices oder Institutionen – stellt eine hervorragende Mischung aus Stabilität und Fortschritt sicher. Sie erkennt die Ansprüche, die Gegenwart und Vergangenheit, Tradition und Kritik, Gesellschaft und Individuum gemeinsam haben. Daraus entsteht eine Harmonie zwischen der letzten Autorität, die dem Gewissen zukommt, und der sekundären Autorität des heiligen Buches. Sie anerkennt das Göttliche in beidem."

Abraham Geiger (1810-1874)

Geboren und aufgewachsen in Frankfurt am Main in einer rabbinischen Familie, entwickelt sich Geiger schon früh zu einem scharfen Kritiker des traditionellen Rabbinismus: Sein Studium der Orientalistik, Geschichte, Theologie und Philosophie – erst in Heidelberg, dann in Bonn – lässt bei ihm die Erkenntnis reifen, dass das Judentum einer grundlegend neuen Fundierung bedarf. Am liebsten hätte Geiger diese Idee in einer akademischen Laufbahn weiter verfolgt, aber dieser Forschungsgegenstand hat einer deutschen Universität zu dieser Zeit keine Chance. Und so erwirbt er nach der Promotion noch das Rabbinerdiplom, wird 1932 Rabbiner in Wiesbaden, 1938 in Breslau, 1863 in Frankfurt und 1870 in Berlin.

Abraham Geiger, führender Reformer in Deutschland und Gründer der Hochschule für die Wissenschaft des Judentums.
Foto: Abraham Geiger Kolleg.

Um die vierziger Jahre des 19. Jahrhunderts geht von ihm die Initiative zu mehreren großen Rabbinerversammlungen aus. Er will eine Neuorientierung vorantreiben: Das Judentum soll wissenschaftliche Erkenntnisse nicht mehr ignorieren, und es soll die Lehren und Bräuche der Tradition auf Wahrheit und Sinn befragen, einschließlich der Halacha. Bereits 1835 gründet er eine Zeitschrift für jüdische Theologie. Immer wieder verlangt er, eine systematische Wissenschaft des Judentums zu etablieren, auch um den Dialog mit der christlichen Theologie streitbar führen zu können und der Abwanderung aus dem Judentum entgegen zu wirken. Am liebsten wäre ihm eine jüdisch-theologische Fakultät an einer deutschen Universität. Aber das bleibt ein Wunsch.

1869 geht er nach Berlin, um dort eine Rabbinerstelle anzutreten. Für einen Teil der Orthodoxie ist das übrigens ein Anlass, die Jüdische Gemeinde zu Berlin zu verlassen und mit Adass Jisroel eine eigene

Der Literatur- und Kulturhistoriker Ludwig Geiger schrieb eine Biografie über seinen Vater: Abraham Geiger – Leben und Werk für ein Judentum der Moderne (Reprint), Berlin 2001.

Austrittsgemeinde zu gründen. Geiger findet in Berlin schnell einen Kreis von Notabeln, die seinen Ideen gegenüber aufgeschlossen sind. Ihnen stellt er den Lehrplan für eine Hochschule vor, wie er sie im Sinn hat. Am 6. Mai 1872 ist es endlich soweit: die Hochschule für die Wissenschaft des Judentums öffnet ihre Pforten Unter den Linden. Erst 1907 zieht sie in die Tucholskystraße um, 1942 wird sie von den Nationalsozialisten zwangsweise geschlossen. Ihr ehemaliges Gebäude ist heute Sitz des Zentralrats der Juden in Deutschland.

Susannah Heschel erhielt den Abraham-Geiger-Preis für ihr Buch: Der jüdische Jesus und das Christentum - Abraham Geigers Herausforderung an die christliche Theologie, Berlin 2001.

PRAKTISCHE ETHIK DER PROPHETEN

Seine Kritik am orthodoxen Judentum mit seiner religionsgesetzlichen Strenge hindert Montefiore allerdings nicht daran, deren Konzept von Halacha gegen Vorwürfe von außen zu verteidigen. Behauptungen – insbesondere aus dem deutschen Protestantismus –, es würde bloßen äußerlichen Gehorsam erzwingen, entgegnet er, dass es den Vertretern der Tradition nicht um Belohnung und Strafe gehe. Sie liebten die Tora und ihr Religionsgesetz, weil Gott damit sein Volk Israel ausgezeichnet habe. Deshalb würden sie sie freudig studieren und befolgen. Er selbst teilt diese Haltung freilich nicht.

Er kennt sich im theologischen Repertoire seiner christlichen Gesprächspartner gut aus, und er kennt natürlich auch das sogenannte „Neue" Testament. So, wie im 19. Jahrhundert der Begründer der Hochschule für die Wissenschaft des Judentums, Abraham Geiger, und zu seiner Zeit der Berliner Rabbiner und Gelehrte, Leo Baeck, bescheinigt er dieser Sammlung christlicher Schriften, dass sie in weiten Bereichen typisch rabbinische Texte enthalte. Sie müssten allerdings richtig gelesen werden. Für ihn ist Jesus von Nazareth kein Messias und erst recht kein leiblicher Sohn Gottes, aber er akzeptiert ihn als einen, der die Lehren der Propheten hervorhoben hat und insofern selbst eine prophetische Persönlichkeit war. Sogar den eifernden Paulus versucht er aus seiner Zeit heraus zu erklären. Manche seiner jüdischen Kritiker werfen ihm deshalb eine zu große Nähe zum Christentum vor. Für manche christlichen Theologen dagegen öffnet er damit in Großbritannien die Tür zu einem ersten jüdisch-christlichen Dialog.

Es sind die Propheten und eine prophetisch orientierte Theologie der praktischen Ethik, vermutet er, die den Konsens der liberalen Juden begründen. Judentum bedeutet danach Entwicklung und nicht nur geronnene Lehre. Auf der Londoner Gründungskonferenz der Weltunion sagt er deshalb:

Ich ... will von den Grundanschauungen nur diese erwähnen: sie enthalten den Glauben an eine fortschreitende Offenbarung, Hingebung an die erhabensten Lehren der Propheten in ihrer Anwendung auf die Erkenntnis und Lebensbedingungen unserer Tage sowie die freudige Anpassung alter historischer Formen und Bräuche an die Forderungen und Bedürfnisse der Gegenwart.

Mit anderen Worten, ein prophetisch orientiertes liberales Judentum muss sich mit den Herausforderungen der Zeit auseinandersetzen und aus der Perspektive der Religion und mit ihren Maßstäben Antworten zu geben suchen, die dem einzelnen richtig und gerecht erscheinen. Nur dann könnten sie auch sein Handeln bestimmen.

Was daraus folgt ist umstritten. Montefiore gilt zu seiner Zeit in England als ein origineller Denker, aber auch als Vertreter einer theologisch radikalen Minderheit. Seine Liberal Jewish Synagogue in London hat in Deutschland am ehesten in der von Rabbiner Samuel Holdheim inspirierten Jüdischen Reformgemeinde zu Berlin ein Pendant, wenngleich die Strukturen des britischen Judentums erheblich abweichen von denen auf dem Kontinent und vor allem in Preußen. Anders als in Deutschland kennen die britischen jüdischen Gemeinden keine Zwangsmitgliedschaft, die an politisch-geografische Grenzen gebunden ist. Jede Synagoge versammelt um sich eine Gemeinde aus Mitgliedern, die sich für sie entschieden haben.

Im April 1845 hatten Mitglieder der Berliner Jüdischen Gemeinde einen Aufruf „An unsere deutschen Glaubensbrüder" erlassen. Sie forderten – nachdem „der politische Druck im deutschen Vaterlande von unseren Schultern genommen, und in uns der aufstrebende Geist sich seiner Fesseln entledigt, seitdem wir in Bildung und Sitte ganz in das Leben der Gegenwart eintreten" – eine Erneuerung des Judentums. Im Mai 1845 gründeten sie die Genossenschaft für Reform im Judentum, aus der schließlich 1846 die Reformgemeinde erwächst.

Sonntagmorgen, 19. August 1928. Von 9:30 bis 10:30 findet in der Synagoge der Jüdischen Reformgemeinde zu Berlin in der Johannisstr.16 ein Festgottesdienst statt. Zum ersten Mal in Deutschland steht eine Frau auf einer Synagogenkanzel. Lily H. Montagu predigt anlässlich der ersten ordentlichen Weltkonferenz der World Union for Progressive Judaism über das Verhältnis von persönlicher Religiosität zu der der Gemeinschaft.

Da am Samstag früh zu Beginn der Tagung schon ein zweieinhalbstündiger Festgottesdienst in der Neuen Synagoge Oranienburger Straße stattgefunden hatte, werden die Delegierten den kurzen Sonntagmorgen in der Reformsynagoge nicht als Ersatz für ihre Schabbatfeier verstehen. Anders die Mitglieder der Reformgemeinde: Sie glauben, dass der Schabbat nicht notwendig am Samstag gefeiert werden muss, sondern auch am Ruhetag der Mehrheitsgesellschaft begangen werden kann. Sie fühlen nicht nur deutsch, sie wollen mit ihrer Religion auch Teil der deutschen Kultur sein. Statt sich als Teil des jüdischen Volkes im Sinne einer Nation zu verstehen, begreifen sie sich in vollem Umfang als Deutsche jüdischen Glaubens, oft verbunden mit einiger Deutschtümelei. Das teilen sie zu dieser Zeit sicher mit der Mehrheit der Juden in Deutschland, aber nur in der Reformgemeinde findet das in einem Gottesdienst am Sonntagvormittag Ausdruck. Seine Liturgie

Die erste ordentliche Konferenz der World Union for Progressive Judaism
fand 1928 in Berlin statt. Die Jüdisch-Liberale Zeitung berichtete ausführlich.
Titelseite der Zeitung vom 24. August 1928.

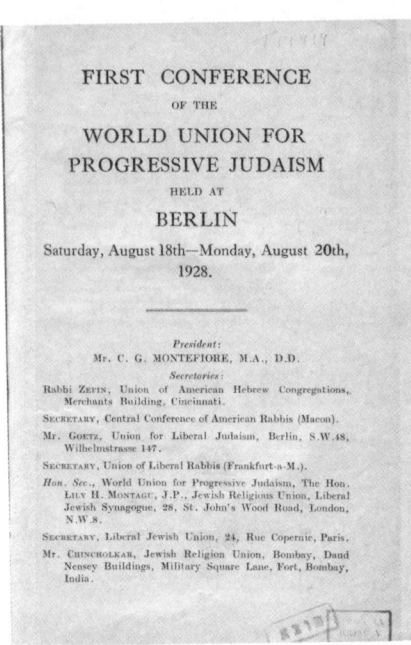

Eine ausführliche Dokumentation der Reden und Debatten enthält der Tagungsband zur ersten internationalen Konferenz der World Union for Progressive Judaism, Berlin 1928.

ist feierlich, nahezu völlig verdeutscht und dauert überdies kaum länger als eine Stunde. Anders als in den meisten liberalen Synagogen zu dieser Zeit beten Frauen und Männer zusammen, und sie singen auch gemeinsam im gemischten Chor. Die Männer tragen keine Kippa. Das religiöse Oberhaupt wird nicht Rabbiner, sondern Prediger genannt, und der Kantor oder Vorbeter wird durch Gemeindechoräle mit Orgelbegleitung ersetzt.

Diese Neuerungen sind konsequent, aber der weit überwiegende Teil der progressiven Bewegung in Deutschland ist nicht bereit, die Bräuche von zwei Jahrtausenden so radikal abzustreifen, um das Judentum mit Moderne und deutscher Kultur in Einklang zu bringen. Sie halten das einfach für übertrieben. Einflusslos sind die Reformer jedoch nicht. Zu ihnen gehört von Anfang an eine soziale Elite des Judentums im Deutschen Reich. Und sie verkörpern einen großen Teil jener Ideen, die am Anfang der Erneuerungsbewegung des 19. Jahrhundert standen und damit die klassische Reform.

Mitte der vierziger Jahre des 19. Jahrhunderts hatten sich Rabbinerversammlungen bemüht, einen Konsens zu erreichen zwischen den Erkenntnissen der Aufklärer, praktischen Anforderungen für eine gleichberechtigte Teilnahme am Gemeinwesen (z.B. Berufstätigkeit am

Samstag) und traditionellen Auslegungen der Halacha. Tatsächlich aber vertieften sich in diesen Auseinandersetzungen die Gräben zwischen den Vertretern der Orthodoxie und den Erneuerern. Mit den radikalen Veränderungen, die sich die Berliner Reformgenossenschaft vorgenommen hatte, geriet sie gleichwohl auch an den Rand der liberalen Bewegung. Für den größten Teil des amerikanischen Judentums aber stand sie Modell.

Organisatorisch ist die Reformgemeinde ein privater Verein und unabhängig. Aber da preußisches Recht zu jener Zeit dekretiert, dass alle Juden am Ort ein und derselben öffentlich-rechtlichen Körperschaft anzugehören haben, sind auch ihre Mitglieder Teil der Jüdischen Gemeinde zu Berlin. Nur die streng Orthodoxen konnten sich 1869 auf dem Rechtswege ihre eigene Austrittsgemeinde Adass Jisroel erstreiten. Auch die Synagoge in der Johannisstraße wird deshalb von der Einheitsgemeinde finanziell unterstützt. Ähnliche Zwangskörperschaften für alle Juden gibt es 1928 überall. Trotz zum Teil massiver Konflikte mit den anderen Strömungen legen die liberalen oder radikal-reformerischen Gruppierungen sogar Wert auf das gesamtjüdische Dach am Ort und betonen den Respekt für jene, die glauben, die Religion nach traditionellen Maßstäben leben zu müssen. Die Gemeindemitglieder haben ohnehin flexible Kriterien dafür, weshalb sie in diese oder jene Synagoge gehen.

Die Liberalen unterhalten jedenfalls in der Regel ihre Bethäuser unter dem Dach der Einheitsgemeinde. Zusammenhalt erfahren sie u.a. über die wöchentlich erscheinende Jüdisch-Liberale Zeitung, die Monatsschrift *Liberales Judentum* und ihre lokale Gruppe der Vereinigung für das liberale Judentum in Deutschland.

Damit bilden sie eine Art politische Fraktion inner-
halb der Einheitsgemeinde und der jüdischen
Landesverbände. Über deren Bedeutung vermittelt der
Bericht zur Situation „des religiösen Liberalismus in
Deutschland" auf der Berliner Weltkonferenz einen
Eindruck: „In den Landesverbänden, ganz besonders
in dem größten, dem preußischen, haben die
Liberalen die Mehrheit der Abgeordneten, was durchaus der Struktur des deutschen Judentums entspricht." Neben den Liberalen streiten auch Orthodoxe, Zionisten und die so genannte Mittelpartei der
Konservativen bei den Gemeindewahlen alle vier Jahre
in heftigen Wahlkämpfen um Einfluss. Allerdings: der
im letzten Drittel des 19. Jahrhunderts aufbrechende
Antisemitismus führt dazu, dass sich immer mehr
Organisationen über Richtungsdifferenzen hinweg
gründen.

„LIBERAL SEIN IST SCHWERER"

Der Dozent an der liberal geprägten Hochschule für
die Wissenschaft des Judentums, Leo Baeck, ist Vorsitzender einer solchen über „konfessionellen" Vereinigung: des Allgemeinen Rabbinerverbandes Deutschland. Baeck ist der zu dieser Zeit bekannteste jüdische
Gelehrte in Berlin. Die Konferenzregie hatte ihm für
den öffentlichen Teil des Kongresses im Preußischen
Herrenhaus das Thema „Die Botschaft des Liberalen
Judentums an den Juden von heute" gestellt. Das Verhältnis des Individuums zur Religion ist das zentrale

Thema der Tagung. Doch Baeck reagiert auf diese Herausforderung mit einer provozierenden Gegenthese: „Wir dürfen nicht zeitgemäß, wir dürfen nicht von heute sein wollen." Auch er glaubt an eine fortdauernde Offenbarung. Schon die Tatsache, dass das Volk Israel auch nach seiner Zerstreuung vor bald 2000 Jahren in der Diaspora weiterexistiert, ist ihm ein Beweis dafür. Aber so, wie er die Autonomie des Einzelnen beschwört, wehrt er sich gegen seine bloße Anpassung an die Umstände der Zeit. Israel ist durch die Geschichte gegangen, betont er, und deshalb verlangt er von liberalen Juden,

Rabbiner Leo Baeck (1873-1956) war von 1913 bis 1942 Dozent an der Hochschule/ Lehranstalt für die Wissenschaft des Judentums, von 1933 bis 1943 Präsident der Reichsvertretung der Deutschen Juden und von 1938 bis 1956 Präsident der World Union for Progressive Judaism.
Foto: Leo-Baeck-College, London.

diese Geschichte begreifen zu wollen. Er fordert sie auf, mit Tradition und Halacha um den Weg in die Zukunft zu ringen: „Juden sind immer die Unzeitgemäßen". Er widerspricht damit nicht nur den forschen Reformern aus England, sondern auch denen im Berliner Reformtempel.

Seine Rede hat zeitweilig sogar eine ironische Note. Er verteidigt den prophetischen Anspruch des liberalen Judentums, aber er wendet sich gegen die allzu eitlen Prediger in den eigenen Reihen. Die Propheten seien nämlich nicht „gewissermaßen vortragende Professoren für Ethik und soziale Arbeit" gewesen, spöttelt er, und auch nicht „Männer der demokratischen Kunst, Menschen zu drängen und zu ergreifen": „Die Propheten sind nicht Propheten dadurch gewesen, dass sie

„Wir gingen in die Roonstraße"

Henry Gruen ist mit 79 Jahren das älteste Gemeindemitglied der Jüdischen Liberalen Gemeinde Köln Gescher Lamassoret. Foto: privat.

„Vor 1938 gab es in Köln mindestens drei Synagogen", erinnert sich Henry Gruen, „zeitweilig sogar vier, wenn man die Reformgemeinschaft dazuzählt. Die traf sich allerdings im Logenhaus." 1923 in Köln geboren, war er Fünfzehn, als er 1939 seine Eltern und seine jüngere Schwester zurücklassen musste, um mit einem Kindertransport nach England zu gehen. Gruen erinnert sich noch gut an das jüdische Leben in Köln vor rund 65 Jahren: „Ich hatte meine Bar Mitzwa-Feier 1936 zwar in der Glockengasse, das war eine konservative Synagoge. Aber wir fühlten uns völlig frei, in die Synagoge zu gehen, die uns behagte. In der orthodoxen Adass Jeschurun versammelten sich vor allem Menschen aus Osteuropa. Wir gingen normalerweise in die Roonstraße, das war die liberale Synagoge, ein- oder zweimal war ich auch bei der Reformgemeinschaft." In der Roonstraße habe es eine Orgel gegeben, berichtet er, einen gemischten christlich-jüdischen Chor und bedeutend mehr deutsche Gebetstexte als im Gottesdienst der Glockengasse. Und es gab eine Predigt, aber die gab's in der Glockengasse auch.

Acht Jahre lebt er England, besucht dort erst eine Technische Fachschule, später nimmt er ein Chemiestudium auf, wandert nach Amerika aus, arbeitet dort, studiert weiter, wird Chemiker und ist dann in den USA in Forschung und Lehre tätig. Private Gründe führen ihn schließlich zurück nach Deutschland, sogar in die Nähe von Köln.

Einer jüdischen Einheitsgemeinde schließt er sich nur kurze Zeit an. Ihn ärgert die Kultussteuer, die eine Gemeinde begünstigt, mit der er sich nicht identifiziert: „ein Zwangssystem". In Amerika hatte er die Wahl. Als er in Köln das Jüdische Forum entdeckt, einen Kulturverein, schließt er sich dort an; als sich 1996 aus diesem Kreis heraus eine Jüdische Liberale Gemeinde gründet, ist er dabei. „Die jüdischen Gemeinden stellen sich im allgemeinen als geschlossene Gesellschaften dar. Bei Gescher Lamassoret ist das anders. Wir sind sogar offen für Menschen, die übertreten wollen. Ich finde das gut, denn es hat uns um kreative Menschen bereichert. Sie tragen eine Menge dazu bei, dass wir eine lebendige Gemeinde sind. Unsere Offenheit drückt sich auch in den Gottesdiensten aus. Vor allem an den hohen Feiertagen werden in der Liturgie neben den Gebeten des Tages auch Texte von bekannten Dichtern, Schriftstellern, Philosophen und Politikern gelesen, die zum aktuellen Wochenabschnitt und zum Fest passen. Die stehen auch im liberalen Gebetbuch. Als ich das zum ersten Mal erlebte, hat mich das sehr berührt."

predigten, sondern umgekehrt: weil sie Propheten waren, darum durften, darum mussten sie predigen." Ihre besondere Persönlichkeit habe sie zu richtungsweisenden Stellungnahmen berechtigt, und ihre Zeitgenossen hörten deshalb in ihren Worten den Ausdruck des göttlichen Willens. Der weltweiten liberalen Bewegung schreibt er ins Stammbuch: „Wir werden mehr als andere Richtungen bedeuten können, nicht, wenn wir mehr Prediger und bessere Prediger besitzen, sondern wenn wir frömmere, religiösere Menschen haben, Menschen, die durch sich selbst eine Botschaft sind." Er fordert, es sich mit der Religion nicht zu leicht zu machen: „Nichts ist dem wahren Liberalismus ferner als jene Bequemlichkeit, jene Zufriedenheit mit sich selbst, die seinen Namen sich bisweilen beilegt, als jene Art, dass man tut, was man will, und dann liberal sich nennt."

Die Reformer der ersten Hälfte des 19. Jahrhunderts stellten die Legitimität der sog. Zeremonialgesetze (Bräuche, Religions- und Speisegesetze) prinzipiell infrage. In der zweiten Hälfte begannen sich die jüdischen Theologen aber wieder verstärkt darauf zu besinnen, dass das Judentum dem eigenen Anspruch nach eine Religion der ehrlichen Tat ist und weit weniger eine des Glaubens. In dem 1928 erstmals erschienen Kompendium *Die Lehren des Judentum nach den Quellen* bringt Baeck das auf den Punkt:

Gott erkennen bedeutet … nicht, sein Wesen verstehen, sondern sein Walten begreifen, den Weg des Rechten sehen und gehen, den einen Weg, den Gott, der für alle die verschiedenen, mannigfaltigen Menschen der gleiche ist. Die Wege Gottes sind die Wege, die der Menschen suchen soll. Auf ihnen kann er sich Gott zuwenden, Gott anhangen.

Es geht also nicht etwa um Werkheiligkeit. Die Speisegesetze pedantisch zu befolgen und am Schabbat weder Licht anzumachen noch einen Kugelschreiber in die Hand zu nehmen, aber im zwischenmenschlichen Bereich charakterlos, in der Politik skrupellos und im Beruf rücksichtslos zu sein, das kann kaum ein geheiligtes Leben sein.

Das liberale Judentum weiß, dass sich die Zeremonialgesetze entwickelt und über die Jahrtausende verändert haben und verändern, aber das befreit nicht davon, meint Baeck, sich um das heute Richtige zu bemühen. Die Auseinandersetzung darum, was ethisch und moralisch geboten ist, obliegt demnach nicht nur den Rabbinern, sondern jedem einzelnen. Denn den liberalen Juden kann – im Gegensatz zu den Anhängern der Orthodoxie – kein religionsgesetzliches Kompendium aus dem 16. Jahrhundert eine verbindliche Orientierung weisen: „Den Orthodoxen macht der *Schulchan Aruch* vieles leichter, nur scheinbar schwerer: er hat die fertige Antwort, er hat die fertige Entscheidung; er weiß in jeder Stunde, was er tun soll und wie er es tun soll. Liberal zu sein, ist so viel schwerer."

Hat eine neue Zeit begonnen?

Leo Baeck erfährt auf der Berliner Konferenz viel Anerkennung. Der Präsident der Weltunion, Claude Montefiore, widerspricht ihm allerdings in einem Punkt. Baeck hatte die Tendenz bei den Vätern der Reform kritisiert, sich zu sehr mit rein zeremoniellen und dekorativen Aspekten der Religion befasst zu haben – eine Spitze, die sich auch gegen die zeitgenössischen Apologeten der klassischen Reform richtet. Solche Äußerlichkeiten seien vielleicht wichtig, aber nicht „das zentrale Problem des Judentums, und sicherlich auch nicht des liberalen Judentums". Der Berliner Rabbiner und Gelehrte mag an repräsentative Synagogen, erbauliche Gottesdienste und Synagogenorgeln gedacht haben – Symbole, mit denen sich das Judentum seit der Emanzipation vom Mief des Ghettos zu befreien suchte und die zu seiner Zeit bereits eine neue Tradition bilden: „Entscheidend ist nicht das Ornament, sondern die Linie, nicht das Dekorative, sondern das Konstruktive, nicht, wie das Judentum erscheint, sondern wie es ist."

Montefiore dagegen bricht eine Lanze für die Ästhetik. Zeitgemäße Formen und Zeremonien seien wichtig. Von der alten Tradition solle man nur das Schöne und Nützliche behalten, denn das heute Hässliche sei nicht heilig: „Der *Pentateuch* sagt: ‚Du sollst deinen Nächsten lieben wie dich selbst‘, und im gleichen Atemzug heißt es dann: ‚Du sollst kein Gewand tragen aus einem Mischgewebe von Leinen und Wolle'. Das eine ist göttlich, und das andere ist weder göttlich noch maßgebend." Nach der Berliner Konferenz führt er diesen Gedanken noch weiter. In einem pointierten Text, den auch die Jüdisch-Liberale Zeitung veröffentlicht („Einige offenherzige Bemerkungen zum Thema ,Liberales Judentum'") schreibt er: „Was z.B. Formen anbelangt, so scheint es mir sowohl gerecht als auch zeitgemäß zu sein, wenn das liberale Judentum den Druck wirtschaftlicher Tatsachen erkennt und Sondergottesdienste am Sonnabendnachmittagen oder an Sonntagvormittagen veranstaltet." Nebenbei betont er gleich noch ein paar markante Unterschiede zwischen liberalen Juden und der Orthodoxie, die keinesfalls nur oberflächlich dekorativen Charakter hätten. So beurteilten Liberale „die Stellung der Frau in der Religion" deutlich anders als Orthodoxe; sie wollten zum Beispiel den Get, den Scheidebrief des Ehemanns, abschaffen. Nachkommen aus dem Priestergeschlecht (Kohen) behandelten sie religionsgesetzlich und im Gemeindealltag nicht anders als Laien. Die Muttersprache zögen sie dem Hebräischen für den größten Teil der Gebete vor, und sie empörten sich darüber, dass die Orthodoxie weiterhin für die Wiedererrichtung des Tempels und Wiedereinführung von Tieropfern bete. Freilich: Diese Thesen mögen bei den liberalen Juden in Deutschland in einzelnen Punkten strittig sein, aber sie sind es nicht grundsätzlich.

Es geht um eher graduelle als grundsätzliche Differenzen. Als ein amerikanischer Delegierter in Berlin versucht, Montefiores Unterscheidung nach Wesentlichem und Unwesentlichem im Judentum so zu interpretieren, dass liberale Juden nur ein Minimum an Geboten zu halten hätten, erntet er heftigen Widerspruch von

Israel Mattuck, Montefiores Gemeinderabbiner an der Londoner Liberal Jewish Synagogue. Beeindruckt von Leo Baecks Rede ruft er den Delegierten zu:

Ich hoffe, niemand verlässt diese Konferenz mit der Vorstellung, dass liberales Judentum für ein ‚Minimum‘ steht, es steht viel mehr für ein ‚Maximum‘. ... dieses Judentum bedeutet, dass ‚die ganze Persönlichkeit‘ gefragt ist ... alles was ein Mensch geben kann. Dafür gibt es das liberale Judentum.

Claude Montefiore hatte schon zu Beginn der Gründungskonferenz der World Union in London darauf hingewiesen, dass der Pluralismus das Lebenselixier der Liberalen ist, nicht aber religiöse Indifferenz. Nicht ahnend, was fünf Jahre später mit der Machtübertragung an die Nationalsozialisten einsetzen und dann den Juden in ganz Europa durch die Deutschen und ihre Führer widerfahren wird, resümiert Leo Baeck die Substanz des zweiten weltweiten Treffens liberaler Juden in Berlin optimistisch: „Neue Zeit hat im Judentum begonnen, – nicht zeitgemäße Zeit, aber neue Zeit. Wieder geboren ist das Judentum, Renaissance des Judentums hat begonnen.“

Tradition und Entwicklung

Der Beginn 1957 in der Schweiz

Nach 1945 amtieren in Deutschland zwar vereinzelt auch liberale Rabbiner, aber diese kleinen neu gegründeten Gemeinden haben kaum noch eine Beziehung zur deutschen liberalen Tradition. Allein die Jüdische Gemeinde zu Berlin bleibt Mitglied in der World Union for Progressive Judaism, die Weltunion registriert dort für eine Weile sogar eine aktive religiös-liberale Vereinigung. Die Synagoge Pestalozzistraße im Bezirk Charlottenburg ist lange Zeit die einzige Betstätte in Deutschland, in der noch ein Ritus praktiziert wird, wie er vor der Schoa weit verbreitet war. Bis heute betet hier der Kantor am Schabbat zur Orgelbegleitung vor, und ein gemischter Chor singt die von den großen Kantoren des letzten Jahrhunderts komponierten Gebetshymnen, vor allem von Louis Lewandowski. Aber es wird eben eine alt-deutsche Variante des liberalen Judentums gepflegt. Aktuelle Entwicklungen in Europa und Amerika werden ignoriert; der Kontakt zum liberalen Weltverband ist praktisch abgerissen. Bis in die fünfziger Jahre hinein gibt es über Berlin hinaus im deutschsprachigen Raum kein organisiertes liberales Judentum mehr. Das ändert sich erst im Januar 1957. Gut zwei Monate nach dem Tod von Leo Baeck gründet sich am 24. Januar in Bern eine Vereinigung für religiös-liberales Judentum, Sektion Schweiz der World Union.

Die Initiatoren dieser Vereinigung hatten in den

vorangegangenen Jahren regelmäßig als Gäste an internationalen Konferenzen teilgenommen und nun den Wunsch, sich auch in der Schweiz ein Forum zu schaffen, mit dem sie die „Erhaltung und Erneuerung lebendigen jüdischen Glaubens" vorantreiben können. Leo Baeck war selbst – damals noch Präsident der World Union – aus London in die eidgenössische Hauptstadt Bern gekommen und hatte hier einen tiefen Eindruck hinterlassen.

Diese neue Organisation spricht eine Gruppe von Menschen an, die nach der Schoa das Bedürfnis haben, ihre Verbindung zum Judentum zu erneuern oder wiederherzustellen. Ein traditioneller Gottesdienst und die Lehre der Orthodoxie vermögen diese Brücke nicht zu schlagen. Sie suchen zunächst eher eine Art religiös-philosophischen Salon, in dem ein Nachdenken und eine allmähliche Annäherung an die Religion möglich ist. An eigene Gemeinden denkt noch niemand. Einer der Männer der ersten Stunde, der Berner Kaufmann Victor Loeb (1910-1974), bringt aber zum Ausdruck, dass die Initiatoren darauf hoffen, dass ihre Vereinigung langfristig Wirkung entfalten wird:

Wir wollen keinesfalls kämpfend in das Gemeindeleben eindringen; wir wollen auch, dass der Friede in den Gemeinden bewahrt bleibt, doch hoffen wir, dass unser Gedankengut sich mit der Zeit auch segensreich in einer Erneuerung des Gottesdienstes auswirkt, nach der ein nicht unwesentlicher Teil unserer Gemeinden dürstet.

„Ein Suchender sein und ein Forschender bleiben"

Zu den Gründungspersönlichkeiten gehören neben Loeb der Berner Rabbiner Eugen Jehuda Messinger (1912-1972) und Lothar Rothschild (1909-1974), Gemeinderabbiner von St. Gallen und der Ostschweiz. Rothschild, von 1935 bis 1938 Rabbiner im Saarland, ist der eigentliche Inspirator dieses Unternehmens. Ähnlich wie Leo Baeck 1928 in Berlin gibt er in seinem Grundsatzreferat auf der Gründungskonferenz die Richtung vor und verwahrt sich zugleich gegen das Vorurteil, dass liberale Juden nicht-religiöse Juden seien. Das Gegenteil sei der Fall:

Rabbiner Lothar Rothschild (1909-1974) war Gemeinderabbiner in Saarbrücken (1934-1938), Kreuzlingen (1939-1974) und St.Gallen (1943-1969) und einer der Begründer der Vereinigung für religiös-liberales Judentum in der Schweiz. Foto: tachles-Archiv, Zürich.

Wenn wir von religiös-liberalen Juden sprechen, so meinen wir nicht diejenigen, die den Fortbestand der orthodoxen Formenwelt als des offiziellen Judentums begrüßen, für sich selbst jedoch keinen Gebrauch davon machen. Da kommt nichts Ehrliches bei raus, und die Orthodoxie bedient sich dieser Mitläufer nur für gemeindepolitische Bedürfnisse. ... Als religiös-liberaler Jude leben heißt, ein Suchender sein und ein Forschender bleiben. Nach der

91

Zerstörung des zweiten Tempels stellte die Mischna folgenden Verfall fest: keiner forscht, keiner fragt, keiner sucht. Der Neigung unserer Zeit zur Wiederholung dieses Zustandes müssen die bewusst Liberalen entgegenwirken. Soviel dürfen wir dankbar feststellen, dass viele Menschen dem religiösen Judentum verloren gegangen wären, wenn es die liberale Bewegung nicht gegeben hätte.

Die Geschichte des liberalen Judentums in der Schweiz beginnt eigentlich erst mit diesem Zusammenschluss liberal gesinnter Juden, auch wenn dieser gemeindepolitisch noch sehr zurückhaltend ist. Anders als in Deutschland hatten Reformströmungen im 19. Jahrhundert hier nur wenig Rückhalt. Noch 1850 zählt die Bevölkerungsstatistik gerade mal 3146 Juden in der Eidgenossenschaft. Außer in den Judendörfern des Kantons Aargau war es Juden lange Zeit verwehrt, hier überhaupt zu siedeln. 30 Jahre später sind es allerdings mehr als doppelt so viel und 1910 dann sogar mehr als 18 000. In den zwanziger Jahren zeigt sich bei jüngeren Gemeindemitgliedern tatsächlich Sympathie für den Aufbruch in die Moderne in Gottesdienst und Theologie, den große Teile des deutschen Judentums gewagt haben, aber der Widerstand der Traditionalisten ist beträchtlich. Das liberale Judentum wird von ihnen nicht nur deshalb abgelehnt, weil es textkritisch ist und bestreitet, dass „Mosche Rabenu" (Moses, unser Meister) die Tora wörtlich empfangen hat, sondern auch, weil man es als eine Zwischenstation wahrnimmt, um das Judentum ganz zu verlassen. Eine eigene religiöse Bewegung entsteht hier also nicht.

Die Stadtgemeinden, die sich im späten 19. und 20. Jahrhundert gründen, folgen in der Regel der orthodoxen

Tradition. Gleichwohl entschließt sich 1943 die Israelitische Kultusgemeinde von Sankt Gallen, mit Lothar Rothschild einen Rabbiner einzustellen, der seine Semicha am liberal-konservativen Jüdisch-Theologischen Seminar von Breslau erworben hat. Rothschild ist nicht nur in Basel zur Schule gegangen und hat dort auch Geschichte studiert, er hatte sich wissenschaftlich schon früh mit der Geschichte des Schweizer Judentums beschäftigt und sich einen Namen gemacht. 1933, im Alter von 24 Jahren, veröffentlichte er seine Dissertation über die im 18. Jahrhundert gesammelten Feldstudien des Zürcher Pfarrers Johann Caspar Ulrich zur Geschichte der Juden in der Schweiz.

Gesinnung und Tat, eine Sammlung von Aufsätzen, Predigten und Artikeln von Lothar Rothschild, Verlag Huber, Frauenfeld und Stuttgart 1969. Leider nur noch antiquarisch erhältlich.

Während der ersten Jahre liegt der Schwerpunkt der Vereinigung auf Tagungen und Konferenzen. Eingeleitet werden sie zumeist mit einem Gottesdienst nach liberalem Ritus, in der Regel in der örtlichen Synagoge. Seit September 1957 publiziert die Zeitschrift *Tradition und Erneuerung* zwei- bis dreimal im Jahr sowohl Highlights aus den Debatten der Vereinigung für religiös-liberales Judentum in der Schweiz als auch Beiträge von Gastautoren aus aller Welt. Redakteur ist bis zu seinem Tod im Jahr 1974 Rabbiner Lothar Rothschild, danach, bis 1996, Lutz O. Zwillenberg. Mit den Jahren bilden sich Sektionen – die erste bereits 1968 in Bern, später kommen Zürich, Genf und Basel hinzu. In der deutschsprachigen Schweiz verstehen sie sich dabei zunächst als Gruppen innerhalb ihrer jeweiligen offiziellen Gemeinde. In diesem Rahmen laden sie zu Vorträgen, Studienabenden und offenen Familiengottesdiensten ein, an denen Männer und Frauen gleichrangig teilhaben. In Genf ist man

Rabbiner Lothar Rothschild

Am 7. Dezember 1909 in Karlsruhe geboren, hat er den größten Teil seines Lebens in der Schweiz verbracht. In Basel geht er zur Schule und studiert dort später auch Geschichte. Bereits mit 19 Jahren beginnt er auch ein Rabbinatsstudium am Breslauer Jüdisch-Theologischen Seminar. Die Semicha erhält er zwar erst 1937, doch er amtiert bereits seit 1934 als Rabbiner in Saarbrücken. Von Anfang an bekennt er sich zum liberalen Judentum, fühlt sich aber zugleich der zionistischen Idee verbunden. In der liberalen Bewegung sind die Ideen von der Neugründung eines jüdischen Staates in Erez Israel (Land Israel) um diese Zeit noch sehr umstritten. Neben dem Engagement für seine Gemeinden in St. Gallen und Kreuzlingen sowie die Vereinigung für religiös-liberales Judentum in der Schweiz beteiligt er sich auch aktiv am christlich-jüdischen Dialog. Vor allem liegt ihm daran, den Christen verständlich zu machen, was für eine Bewegung die Pharisäer tatsächlich waren und welches Zerrbild über sie aus den Evangelien zu entnehmen ist. 1968 wird ihm vom Hebrew Union College in Cincinnati ein Ehrendoktor für jüdische Theologie verliehen. Am 27. März 1974 stirbt Lothar Rothschild in St. Gallen.

Rabbiner Lothar Rothschild (links) erhält 1968 in Cincinnati die Urkunde zur Ehrendoktorwürde aus der Hand des damaligen Präsidenten des Hebrew Union College, Nelson Glueck (1900-1971).
Foto: tachles-Archiv, Zürich.

allerdings 1970 bereits ein Stück weiter. Damals gründete sich um den frisch ordinierten Rabbiner Francois Garaï eine eigene Gemeinde: die Groupe Israélite Libéral (G.I.L.). Der in Paris aufgewachsene Absolvent des Hebrew Union Colleges in Cincinnati war ursprünglich in die europäische UNO-Metropole gekommen, um die „English-speaking Jewish Community of Geneva" zu betreuen, die sich im wesentlichen aus Geschäftsleuten und Mitarbeitern der internationalen Organisationen rekrutierte.

Auch in der deutschsprachigen Schweiz wird darüber diskutiert, eine Gemeinde zu gründen. Auf den internationalen Konferenzen der World Union werden die Schweizer Delegierten immer wieder gefragt, warum sie diesen Schritt nicht gehen. Aber ernsthaft erwägen sie das erst in der zweiten Hälfte der siebziger Jahre. Am 29. Januar 1978 ist es dann soweit. Nach einer Phase heftiger Auseinandersetzungen mit der ICZ (Israelitische Cultusgemeinde Zürich) kommt es zum Bruch. Die ICZ ist zwar dem Anspruch nach Einheitsgemeinde, aber sie ist keine Körperschaft des öffentlichen Rechtes. Sie organisiert ohnehin nicht alle religiösen Juden der Stadt. Zu der ICZ und zwei charedisch-orthodoxen Gemeinden in Zürich kommt nun eine weitere – eine liberale.

Neues Licht – Die Geburt einer Gemeinde

Um 20:25h wurden 72 rosa Stimmausweise empor gehalten. Vier Stimmberechtigte enthielten sich der Stimme, unter ihnen ein Ehepaar, das aus Altersgründen gezwungen war, Mitgliedschaft und Good-Will in der ICZ zu behalten. Vier Stimmberechtigte hatten brieflich mitgeteilt, dass sie für eine unabhängige Gemeinde seien. Mit 76 Stimmen, 4 Enthaltungen und ohne Gegenstimmen war damit die neue Gemeinde, die vierte in Zürich, gegründet.

Der Chronist ist nicht wirklich begeistert, als er im Mai 1978 diesen Bericht für *Tradition und Erneuerung* über die legendäre Generalversammlung der Liberalen im Zürcher Restaurant „Bahnhofbuffet Enge" schreibt:

Richtungsweisend! Rabbiner Henry G. Brandt, seit 1995
Landesrabbiner von Westfalen-Lippe, hat stets libera-
le und konservative Reformbestrebungen unterstützt.
Foto: Knut Vahlensieck, Dortmund.

„Die Einheitsgemeinde ist an sich etwas Gutes. Wo sie
aber sich selber verleugnet, muss eben der Schnitt
gemacht werden." Diese Entscheidung gibt den liberalen Juden in der deutschsprachigen Schweiz endlich
eine Perspektive für die Zukunft. Es ist Licht zu sehen
am Horizont. Und so nennt sich diese Jüdische
Liberale Gemeinde Or Chadasch: Neues Licht.

Schon früher, also noch in der Ära von Rabbiner
Lothar Rothschild, war das Verhältnis zur Cultusgemeinde in Zürich nicht ungetrübt. 1968 hatte sich
das örtliche Rabbinat der ICZ geweigert, den Liberalen
die Synagoge für einen Gottesdienst anlässlich ihrer
jährlichen Generalversammlung zu überlassen. Für
die große Gruppe derer, die ein anderes als das orthodoxe Angebot suchten, war das ein Grund, die Zürcher
Sektion der Vereinigung für religiös-liberales Judentum in der Schweiz als eingetragenen Verein zu verfassen. Fortan leitete Rabbiner Rothschild dort monat-
lich einen liberalen Gottesdienst. Das Verhältnis zur
ICZ besserte sich in den folgenden Jahren ein wenig,
doch die Sektion durfte auch weiterhin nicht in die

Synagoge. Dafür erhielt sie die Aula im Gemeindezentrum zur Verfügung gestellt und sogar eine kleine
regelmäßige finanzielle Unterstützung.

Nach dem plötzlichen Tod von Lothar Rothschild im
März 1974 übernimmt der liberale Rabbiner Henry G.
Brandt (zu dieser Zeit auch zuständig für die englischsprachige Genfer Gemeinde) diese Aufgabe. Als er
1977 schließlich „halbamtlich" von der Zürcher Sektion eingestellt wird, brechen Konflikte auf. Der ICZ-
Vorstand besteht darauf, dass es in der Gemeinde nur
eine halachische Autorität geben dürfe. Der liberale
Rabbiner könnte also nicht einmal Brautpaare trauen
und wäre erst recht nicht befugt, an Übertritten zum
Judentum mitzuwirken. Das Dilemma der Liberalen
beschreiben Jacques Kunstenaar und Ellen Kaufmann
im September 1977 in *Tradition und Erneuerung*:

*Wir wollen einen jüdischen Gottesdienst, der unseren
Bedürfnissen entspricht. Wenn die ICZ ihn uns nicht
bieten kann, so verlangen wir ihn nicht von ihr, sondern
wir möchten nur das Recht, ihn unter dem Dach der ICZ*

und möglichst nicht als abgetrennte Gemeinde organi-
sieren zu dürfen. Wir wollen über einen Rabbiner ver-
fügen können, der uns nicht nur im besten Fall toleriert,
der vor allem auch bei Gelegenheiten, bei denen unsere
Privatsphäre tangiert ist, in seinem Auftreten und in
seiner Predigt unsere Überzeugungen respektiert, mehr
noch, der unserem Judentum und dem unserer Kinder
den Impuls gibt, welcher den Unterschied ausmacht
zwischen pietätvoll konservierter Vergangenheit und
lebendiger jüdischer Zukunft. Wir wollen einen Rab-
biner, der unsere Jugend nicht in einen Zwiespalt
zwischen dem Judentum und der modernen Denkweise
ihrer Ausbildung führt, sondern in die uneingeschränkte
Bejahung des Judentums.

Zu dieser Zeit ist die Vereinigung für religiös-liberales
Judentum in der Schweiz 20 Jahre alt. Die Forderung
nach Autonomie im Rahmen der ICZ ist für deren
Vorstand um die Jahreswende 1977/1978 nicht kon-
sensfähig. Für die Liberalen wird damit die Gründung
einer eigenen Gemeinde unausweichlich. Um diese
Zeit ist das ein Abenteuer. Es ist mit vielen Verlet-
zungen verbunden. Aber es setzt ungeahnte Energien
frei. Or Chadasch Zürich wird die erste unabhängige
liberale Gemeinde des deutschsprachigen Raumes
nach 1945. Ihr erster hauptamtlicher Rabbiner wird
Henry G. Brandt.
Vier Jahre später ist fast alles erreicht, was nötig ist, um
in vollem Sinne Gemeinde sein zu können: in der
Fortunagasse, mitten in der Zürcher Innenstadt, hat
sie ein eigenes Gemeindezentrum, einen ersten Siddur
(Gebetbuch) gibt es auch schon, und noch wichtiger:
Es konnte ein eigener Friedhof eingeweiht werden,
und die Chewra Kadischa (hebr. für Vereinigung) der

Ein neues jüdisches Haus - Rabbiner Tovia Ben-Chorin befestigt die Mesusa am Eingang des Gemeindezentrums der Jüdisch-liberalen Gemeinde Or Chadasch in Zürich, 2. Juni 2002. Foto: Dieter Seeger, Zürich.

neuen Gemeinde kümmert sich um Krankenfürsorge und Bestattung von Toten. Im September 1982 wird – nachdem Henry G. Brandt aus persönlichen Gründen ausgeschieden war – mit Harry Jacobi ein neuer Rabbiner in sein Amt eingeführt. Die Gemeinde wächst und entwickelt sich ähnlich erfolgreich wie die acht Jahre ältere Schwester am Genfer See.

Fast ein Vierteljahrhundert nach ihrer Gründung reicht der Platz in der Fortunastraße nicht mehr aus. Seit 1996 unter der religiösen Leitung eines Sohnes des berühmten deutsch-israelischen Theologen Schalom Ben-Chorin, entwickelt sich Or Chadasch erneut stürmisch weiter. Die mittlerweile 380 Mitglieder brauchen jetzt deutlich mehr Raum für ihre Gottesdienste, den Religionsunterricht, die Jugendgruppen, ihre Veranstaltungen und Feiern. Am 2. Juni 2002 kann Rabbiner Tovia Ben-Chorin endlich die Mesusa (Behälter mit Auszügen aus dem Schma Jisrael) an den rechten Türpfeiler eines ehemaligen Gewerbezentrums im Zürcher Stadtteil Aussersiehl hämmern. Hier hat sich die Gemeinde eine neue Synagoge eingerichtet, die sie zugleich als multifunktionales Gemeindezentrum nutzen kann.

KEIN GOLDENES KALB
BEI DEN LIBERALEN

Das Jubiläumsheft von *Tradition und Erneuerung* zum zwanzigjährigen Bestehen der Vereinigung für religiös-liberales Judentum in der Schweiz versuchte noch einmal, den eigenen Standort zu beschreiben und verbreiteten Vorurteilen entgegenzuwirken. Ihr damaliger Redakteur Lutz O. Zwillenberg beobachtete bei den Liberalen weltweit eine stärker werdende Betonung der Tradition, ohne allerdings wichtige Grundprinzipien preisgeben zu wollen, wie intellektuelle Redlichkeit, das Wissen darum, dass Judentum stets in einem Prozess der Entwicklung befindlich ist, die Gleichrangigkeit der Frauen, der Grundsatz, dass der Mensch durch die Vorschriften der Tora leben und nicht am Leben gehindert werden soll und die Sorge für den Erhalt eines lebendigen Judentums:

Lernen und noch einmal Lernen ist übrigens ein Hauptanliegen von engagiert liberalen Juden, dies im Gegensatz zu den pseudo-liberalen Indifferenten, die sich selber mit dem Etikett ‚liberal‘ versehen und damit ausdrücken wollen ‚ich brauche das alles nicht einzuhalten und wissen‘, sozusagen als Alibi, als falsches Alibi.

Eine Abspaltung ließ sich damals nicht vermeiden, und so wurde auch in der deutschsprachigen Schweiz eine liberale Gemeinde Realität. Seit Anfang der neunziger Jahre streben nun beide liberalen Schweizer Gemeinden danach, in die Gemeinschaft aller Juden in der Schweiz aufgenommen zu werden. Symbolisch dafür steht der Schweizerische Israelitische Gemeindebund (SIG). In dieser gesamtschweizerischen Interessenvertretung der Juden mit ihren überregionalen Institutionen wollen sie gleichberechtigt teilhaben. Massiven Widerstand gibt es allein von den charedisch-orthodoxen Organisationen. Sie sind nicht bereit, Juden mit einem anderen Glaubensverständnis als dem ihren als ihresgleichen zu akzeptieren. Um zu vermeiden, dass sie austreten, hat man den Liberalen ein Jahrzehnt lang nur eine Zusammenarbeit in Sicherheitsfragen gewährt und gegenseitige Information und Konsultation vereinbart. Zu Beginn des neuen Jahrtausends aber wird die SIG mit diesem Problem erneut konfrontiert. Anfang April 2001 berichtet das jüdische Wochenmagazin *tachles* über eine Umfrage unter den Mitgliedern der einzelnen SIG-Gemeinden. Das Ergebnis: Die meisten würden es begrüßen, wenn die Liberalen offiziell und mit allen Rechten dazustoßen würden. In Zürich sind die alten Animositäten zwischen ICZ und Or Chadasch längst geschwunden. Mittlerweile trifft sich unter dem Dach der ICZ auch ein eher traditionell orientierter egalitärer Minjan, der sich Schabbat Acheret nennt. Auf der Delegiertenversammlung der SIG macht sich deshalb sogar der Vertreter der ICZ, David Jeselsohn, zum Fürsprecher für die Aufnahme. Gisela Blau gibt am 14. Juni 2002 in *tachles* Jeselsohns Meinung vor dem Gremium wieder:

Vor bald 200 Jahren sei die Reformbewegung ein Tor zum Ausstieg aus der Orthodoxie gewesen und bald einmal auch zum Verlassen des Judentums. Heute sei es

„Keinerlei Gruppendruck"

Nicole Poëll, Zürich.
Foto: privat.

Nein, religiös sei sie eigentlich nicht, meint Nicole Poëll, die Präsidentin der Jüdischen Liberalen Gemeinde Or Chadasch in Zürich. Sie lebe nicht observant. Ihr Rabbiner, Tovia Ben-Chorin, berichtet sie, halte ihr allerdings entgegen, dass man auch dann religiös leben könne, wenn man nicht so oft in die Synagoge gehe. Zeit in die Leitung der Gemeinde zu investieren oder politisch aktiv zu sein, könne auch eine Mitzwa sein. Als Mitglied der Freisinnig-Demokratischen Partei der Schweiz war sie bereits lokal- und regionalpolitisch im Kanton Zürich aktiv. Zur Zeit sitzt sie für ihre Partei im kantonalen Verfassungsrat und arbeitet dort an einer neuen Verfassung mit. Obwohl sie mit einem Nichtjuden verheiratet ist, nahmen ihre beiden Töchter am Religionsunterricht der Gemeinde teil und feierten dort ihre Bat Mitzwa. „Or Chadasch hat viele junge Leute", hat sie beobachtet: „Das Klima ist offen, und es gibt keinerlei Gruppendruck". Es werde viel und auch kontrovers diskutiert, auch zwischen Vorstand und Rabbiner. Aber das sei fast immer interessant, junge Leute mögen das – und sie auch. „Ich halte Or Chadasch für einen Teil der Zukunft des Judentums. Wir sind kein abgespaltener Teil davon, sondern eine seiner Alternativen!"

umgekehrt. Die Liberalen Gemeinden seien ein Tor hinein ins Judentum – für alle jene, die sonst der Gemeinschaft verloren gehen würden. ‚Heute brauchen die Orthodoxen keine Übergangsgemeinde mehr für den Ausstieg‘, sagt er. ‚Wer dort davonläuft, läuft ganz weg.‘

Jeselsohn hatte sich offenbar intensiv mit Or Chadasch auseinandergesetzt und kommt zu einem klaren Ergebnis: „Ich wollte sehen, welches Goldene Kalb die

Liberalen in ihrer Synagoge aufgestellt haben. Ich habe keines gefunden." Die notwendige Zweidrittelmehrheit für die Aufnahme wurde trotz dieser Unterstützung knapp um zwei Stimmen verfehlt. Im Mai 2003 wird der Aufnahmeantrag wohl wieder auf die Tagesordnung gesetzt werden.

DIE SAAT IST AUFGEGANGEN

Für die liberale Vereinigung hatte die Gründung von Gemeinden natürlich Folgen. Wurde zuvor in der Zeitschrift *Tradition und Erneuerung* stets aus regionalen Sektionen berichtet, ist davon nun immer seltener die Rede. Die Berner Sektion ist irgendwann vollständig in der Jüdischen Gemeinde Bern aufgegangen. Bis 1987 wird noch die Liberale Bewegung der Israelitischen Gemeinde Basel erwähnt, aber später spielen in den Beiträgen nur noch die beiden liberalen Gemeinden eine Rolle. Die Zeitschrift erscheint ab Dezember 1985 zweisprachig (der französische Titel ist damals: *Tradition juive aujourd'hui*), kann aber die damit verbundenen Hürden (Verständlichkeit, aufwändige Übersetzungen) auf Dauer nicht überwinden. Von April 1991 an ist sie wieder rein deutschsprachig, nennt sich jetzt aber *Zeitschrift für progressives Judentum für das deutsche Sprachgebiet*.

Die Redaktion hofft auf neue Leserschaft in Deutschland und Österreich, denn einem großen Teil der ehemaligen Leser in Genf und Zürich reichen jetzt ihre Gemeindeblätter. In Wien hatte sich aber in diesen

Freude an der Tora – Freude am
Dialog.
Ein Buch von und über Henry G.
Brandt, herausgegeben von
Manfred Keller und Andreas
Nachama, Bochum 2002.

Tagen – angeregt durch die Zürcher
Gemeinde – eine Art Ableger gegründet:
Or Chadasch – Bewegung für progressives
Judentum. Den Gründungsimpuls erhielt
diese Initiative durch den Wiener Arzt
Theodor Much. Während seines Studiums in Genf und Zürich hatte er die beiden
liberalen Kongregationen kennen gelernt
und erstmals praktische Erfahrungen mit
einer nicht-orthodoxen Religiosität gemacht. 1989 sammelt er in Wien Gleich-
gesinnte für eine neue Jüdische Liberale
Gemeinde. Als sich am 4. Mai 1990 im
Hotel Imperial zum ersten Mal 150 Menschen auf Einladung dieser Initiative zum
Gottesdienst versammeln, ist das zugleich
der erste progressive jüdische Gottesdienst in der
Geschichte Österreichs. Die Gottesdienstleitung hat
Henry G. Brandt, zu dieser Zeit Landesrabbiner von
Niedersachsen. Theodor Much hatte ihn im Fernsehen
gesehen und ihn danach um seine Mitwirkung gebeten. Bereits ein Jahr später gründet sich die Wiener Or
Chadasch-Gemeinde als eingetragener Verein mit
damals rund 100 Mitgliedern.

Zwei Jahre später nennt sich die Herausgeberin von
Tradition und Erneuerung bereits „Die deutschspra-
chige Sektion der Vereinigung für religiös-liberales
Judentum". Es hilft nichts: Im Januar 1996 kommt die
bislang letzte Ausgabe des Blattes heraus. Vereinigung
und Zeitschrift stellen ihre Arbeit praktisch ein. Doch
ihre Saat ist aufgegangen. Nicht nur Juden in der österreichischen Hauptstadt sind angeregt, es tut sich jetzt
auch etwas in Deutschland.

Ein Dogma wankt

Anfang der neunziger Jahre sind die Gottesdienste der US-amerikanischen Militärrabbiner an einigen Standorten – vor allem in Süddeutschland und Berlin – ein Geheimtipp. Jedenfalls für die, die eine liberale oder konservative Alternative zu den Gottesdiensten der mehrheitlich orthodox geprägten Einheitsgemeinden suchen. Aber nach dem „Vertrag über die abschließende Regelung in Bezug auf Deutschland" im September 1990 und der drei Wochen später vollzogenen Vereinigung der beiden deutschen Staaten wird die amerikanische Militärpräsenz sukzessive reduziert. Ihre Gemeinden verschwinden, und ihre Rabbiner werden abgezogen. Die Zahl derer, die außerhalb der englischsprachigen Community in Deutschland davon wussten, dürfte gering gewesen sein. Aber die hatten jetzt Energien frei. Es scheint aber so, als ob die Zeit ohnehin reif war, etwas Neues zu wagen.

Debatten um die Einheitsgemeinde

Am 23. März 1995 hat die *Allgemeine Jüdische Wochenzeitung* auf der Titelseite einen Artikel des Erziehungswissenschaftlers Micha Brumlik. Unter der Überschrift „Einheitsgemeinde: Ein Dogma wankt – Religiöser

Pluralismus auch im hiesigen Judentum" plädiert der Heidelberger Pädagogik-Professor für die Erneuerung der Einheitsgemeinde. Er kritisiert am Status quo, dass Einheit mit Uniformität verwechselt worden sei. Die Einheitsgemeinde aber sei ein politisches Konstrukt, dessen Zweck der Pluralismus sei und nicht die liturgische Einheitlichkeit einer Kirche. Diesen Themen müsse sie sich vor allem stellen: der Gleichberechtigung der Frauen, den muttersprachlichen Anteilen in Gebet und Gottesdienst, dem Für und Wider von Musik im Gottesdienst und nicht zuletzt dem Verhältnis zu jenen Familien, in denen nicht alle Mitglieder unzweifelhaft halachisch jüdisch seien. Er kritisiert das Funktionärstum in den Einheitsgemeinden und stellt fest, dass sie als politische Konstrukte eigentlich die Aufgabe hätten, den religiösen Bedürfnissen aller Juden am Ort zu dienen. Er bietet auch gleich ein Forum an. In Frankfurt am Main habe sich in diesen Tagen nämlich unter seiner Beteiligung ein Verein gegründet. Der lade für Anfang April zu einer Tagung in der Nähe der Mainmetropole ein, um über neue Formen und Inhalte des Gottesdienstes zu diskutieren. Kehilla Chadascha nennt er sich – Neue Gemeinde.

Die Reaktion darauf ist scharf. Der Vorsitzende des Zentralrats der Juden in Deutschland, Ignatz Bubis, antwortet zwei Wochen später ebenfalls auf der Titelseite: Das Funktionärstum habe die Gemeinden entwickelt, sorge für Religionslehrer und Rabbiner und kümmere sich um stillgelegte und neue Friedhöfe. „Kehilla Chadascha und sonstige Kulturvereine (oder sollten wir sie als Folkloregesellschaften bezeichnen?) müssen ihre Leistungen noch unter Beweis stellen." Pluralismus müsse es geben, er sei aber auch gewährleistet. Schließlich gäbe es sowohl orthodoxe wie

Reformrabbiner in der Rabbinerkonferenz. Nichtjuden im halachischen Sinne hätten allerdings keinen
Platz in jüdischen Gemeinden. Nichtjuden – das sind
in diesem Zusammenhang Kinder jüdischer Väter und
Menschen, die eine Konversion zum Judentum
erwägen.

In den folgenden Monaten geht die Debatte in der
Allgemeinen weiter. Auf den Titelseiten fallen bittere
Worte gegen „die modische Forderung nach ‚Pluralismus‘" und die Reformbewegung („historisch nicht
von Nutzen"). Mangelnde Observanz wird mit einer
liberal-religiösen Einstellung gleichgesetzt und Halacha
mit deren orthodoxer Interpretation. Gegen den Spal-
tungsvorwurf wird auf den Leserbriefseiten ein-
gewandt, dass Voraussetzung für Gemeinsamkeit der
gegenseitige Respekt ist, und eine Ritualorthodoxie
sich selbst dem Folklorevorwurf aussetzt, wenn allein
Rabbiner und Kantor orthodoxe Observanz praktizieren.
Aber diese Diskussion bleibt fruchtlos.

NEUE GOTTESDIENSTE –
BRISANTE FRAGEN – NEUE GEMEINDEN

Die offizielle Einladung zu einem offenbar provozierenden Ereignis kommt von der kurze Zeit zuvor
gegründeten Kehilla Chadascha. Tagungsort ist die
Evangelische Akademie Arnoldshain im Taunus. Die
Ausschreibung über den Akademieverteiler ist offen,
und so trifft sich dort ein bunt zusammengewürfelter
Kreis von Vertretern jüdischer Gemeinden und

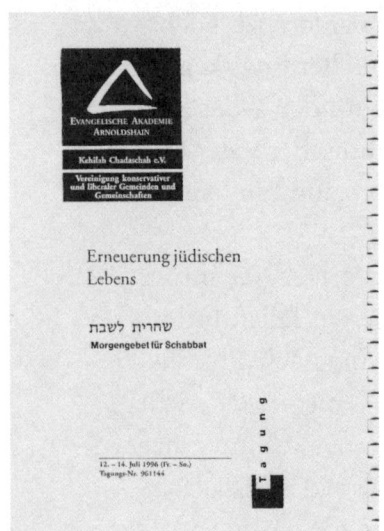

Erneuerung jüdischen
Lebens

שחרית לשבת
Morgengebet für Schabbat

12.–14. Juli 1996 (Fr.–Sn.)
Tagungs-Nr. 96/144

Für die ersten Treffen der liberalen Juden in
Arnoldshain wurde der Siddur für das
Morgengebet noch aus Fotokopien zusam-
men gestellt. Arnoldshain, 12.-14. Juli 1996.

ambitionierter Initiativen, von interessierten Juden und auch einigen Nichtjuden. Gemeinsam experimentieren sie mit Gottesdienstformen, die für die Mehrheit der jüdischen Gemeinden in den USA und für viele in Großbritannien längst Alltag sind: So wird ein Teil der Gebete in deutsch gesprochen, die Gebetsformeln werden geschlechtsneutral gehalten, Frauen übernehmen im Gottesdienst gleiche Aufgaben wie Männer, und einige der Gebetsgesänge werden mit Musikinstrumenten begleitet – auch am Schabbat. Die meisten sind hier, um andere Möglichkeiten zu sondieren, Gottesdienst zu feiern. Dennoch wird auf dieser ersten Konferenz bereits eine lose und heterogene Vereinigung konservativer und liberaler Gemeinden und Gemeinschaften verabredet. Ihre Aktivitäten beschränken sich allerdings auf die Vorbereitung einer Folgetagung im Sommer 1996 – wieder in Arnoldshain.

Einige der Teilnehmer haben aber schon das nächste Ziel im Visier. Sie treffen sich bereits im November 1995 in der österreichischen Hauptstadt. Dort geht es um mehr als bloß um liturgische Besonderheiten. Im Zentrum steht das Konzept der progressiven Halacha und damit der eigentliche Kern des liberalen Judentums. Diskutiert wird aber auch darüber, in welcher Weise die liberalen Gemeinden im deutschsprachigen Raum zusammenarbeiten können. Wieder nehmen daran auch einige deutsche Gemeinden und Gemeinschaften teil. Eingeladen hat dieses Mal die Wiener Bewegung für progressives Judentum Or Chadasch. Nach den Erfahrungen der Schweiz mit ihrer liberalen Vereinigung setzt sich bei dieser Tagung die Erkenntnis durch, dass es Zeit ist, frühzeitig reguläre liberal-religiöse Gemeinden zu gründen. Sie sollen nicht nur Gottesdienste veranstalten und Religionsunterricht erteilen, sondern früher oder später auch ein eigenes Gemeindezentrum und einen Friedhof unterhalten. Als Partnerin für diese Aufbauarbeit hofft man auf die Unterstützung der World Union for Progressive Judaism.

Die Diskussion geht an vielen Orten weiter. Ende März 1996 debattiert eine Wochenendtagung an der Evangelischen Akademie Berlin-Brandenburg über „Bewegungen im Judentum". Auch dort stehen die neuen Reformgruppen im Zentrum der Debatte, und es fallen böse Worte gegen einzelne Landesverbände der jüdischen Gemeinden. Die Finanzmittel aus den Staatsverträgen würden verwendet, um Druck auf die Gemeinde auszuüben, zuweilen herrsche blanke Willkür.

Der Gruppe, die sich Mitte Juli 1996 wieder in Arnoldshain trifft, ist nicht nur größer, sondern eigentlich auch weniger entschlossen. Trotzdem liegt etwas in der Luft: Das Interesse ist bei denen gewachsen, die einem Aufbruch des liberalen Judentums in Deutschland Substanz geben könnten. Nahm im Sommer 1995 mit Henry G. Brandt, inzwischen Landesrabbiner von Westfalen, nur ein jüdischer Geistlicher am Programm der Arnoldshainer Tagung teil, sind es ein halbes Jahr später in Wien (3.- 5. November 1995) schon vier: Ernst Stein, Berlin; Walter Jacob, Pittsburgh PA/ USA; Tovia Ben Chorin, damals noch Jerusalem; Jonathan Magonet, London). 1996 schließlich sind es bereits drei aus dem

deutschsprachigen Raum: Henry G. Brandt (Dortmund); Nathan Peter Levinson (früher Hamburg,
heute Mallorca und Jerusalem) und Tovia Ben Chorin
(Zürich). Hinzu kommen Rabbiner aus Großbritannien und den USA: Clifford Kulwin (World Union
for Progressive Judaism, WUPJ), New York; Albert H.
Friedlander (Leo-Baeck-College, London) und Walter
Rothschild (damals Leeds, heute Berlin). Es ist offensichtlich: Die World Union for Progressive Judaism
zeigt tatsächlich Interesse, und sie bietet ihre Hilfe an.

„Von der Psychologie der Koffer befreien!"

Religiös und säkular lebende Juden sind angereist,
Neugierige ebenso wie Suchende. Manche sind als
Delegierte von Kulturvereinen hier, andere repräsen-
tieren bereits kleine religiöse Vereinigungen, einige
wurden von jüdischen Gemeinden geschickt, viele vertreten nur sich selbst. Gemeinsam ist den rund 200
Teilnehmern aus Deutschland, Österreich und der
Schweiz vor allem ein Unbehagen an der orthodoxen
Ausrichtung der meisten Einheitsgemeinden und an
ihren Strukturen, besonders in Deutschland. Immer
wieder wird vom blühenden Judentum vor der Schoa
gesprochen und das Hohelied auf das weltoffene liberale oder progressive Judentum gesungen, das seine
Wurzeln in Deutschland gehabt habe und mittlerweile
für den größten Teil der jüdischen Diaspora charakteristisch sei, insbesondere in Nordamerika.

Auch dieses Mal ist das Wichtigste, die liberale Art und Weise, Gottesdienste zu feiern, gemeinsam zu erleben. Männer und Frauen sitzen zusammen, singen und beten gemeinsam; beim Schabbat-Morgengebet werden Frauen ganz selbstverständlich zur Tora aufgerufen. Manche tragen eine Kippa, viele einen Tallit. Die provisorischen Gebetshefte enthalten hebräische und deutsche Texte. Und in den Arbeitsgemeinschaften wird progressive Halacha gelernt, Bibliodrama probiert und über Judentum und Homosexualität diskutiert. Debattiert werden darüber hinaus die brisanten Fragen: Wie wird sich künftig das Verhältnis zu den Einheitsgemeinden gestalten? Können die Liberalen dort neben den Orthodoxen einen Platz finden? Wer bestimmt die Richtung? Was ist mit Kindern jüdischer Väter? Das alles betrifft vor allem viele der so genannten Kontingentflüchtlinge aus der ehemaligen Sowjetunion, aber nicht nur sie. Sind sie willkommen? Gelten sie bereits als Juden wie in vielen Gemeinden der USA oder müssen sie erst konvertieren? Wie soll man sich den nichtjüdischen Lebenspartnern gegenüber verhalten? Sollen auch sie am Gemeindeleben teilnehmen können? In den USA ist das nur für die orthodoxe Minderheit ein Problem. 1996 geht es aber auch um eine Grundsatzfrage: Können sich Juden in Deutschland als deutsche Juden begreifen? Ist es richtig, hier wieder jüdisches Leben aufzubauen?

Für Tovia Ben Chorin, den neuen Rabbiner der Jüdischen Liberalen Gemeinde Zürich Or Chadasch, ist die Antwort klar:

Das liberale Judentum in Deutschland muss die folgende Botschaft vermitteln: Wir sind hier. Wir sind jüdisch-deutsche Mitbürger, so wie es schweizerische Juden oder

Juden in allen europäischen Staaten gibt. Wir fühlen uns als Juden der Diaspora und nicht als ,Im-Exil-Juden', die ihren Wohnort nicht verlassen dürfen oder dort bleiben müssen. Wir müssen uns bewusst von der Psychologie der Koffer befreien und den in Deutschland Geborenen das Gefühl stärken, dass sie deutsche Juden sind. Der seelische Zustand eines auf den Koffern Sitzenden ist das Provisorische, Misstrauen und Unsicherheit. ... Keine zu engen Beziehungen zu Nichtjuden pflegen. Diese Situation ist schlimmer als das Leben im Ghetto, weil die Energie fehlt, jüdisches Leben aufzubauen.

Die Mitgliederversammlung des im Vorjahr gegründeten Dachverbandes entscheidet sich in Arnoldshain schließlich für ein neues Projekt. Unter der Patenschaft der World Union wird eine echte Organisation angestrebt: eine Union Progressiver Juden. Ihr erster Auftrag ist, ein gemeinsames Gebetbuch für die progressiven Gemeinden zusammenzustellen. Er ist im Jahr darauf bereits erfüllt, kaum dass die Union sich wirklich konstituiert hat. Rechtzeitig zum neuen jüdischen Jahr 5758 bringen im September 1997 Rabbiner Jonathan Magonet, der Rektor des britischen Rabbinerseminars Leo-Baeck-College und Rabbiner Walter Homolka in deutscher Sprache ein zweibändiges Gebetbuch heraus: *Seder ha-Tefillôt.* Es basiert auf der Liturgie der britischen Reformsynagogen. Die Gebetstexte wurden von Annette Böckler aus dem Hebräischen, Aramäischen und Englischen in ein zeitgemäßes Deutsch übertragen. Der deutsche Gottesdienst sollte ästhetisch genauso anspruchsvoll sein wie der hebräische. Die beiden Bände bestehen aus einem Siddur für Schabbat, Wochentage und Pilgerfeste und einem Machsor für die Hohen Feiertage.

Die Progressiven formieren sich

Auch wenn der Gründungsvorstand für die Union Progressiver Juden seinen Sitz noch bei der Kehilla Chadascha in Frankfurt hat, die Initiative verlagert sich von dort nach München zur Liberalen Jüdischen Gemeinde Beth Shalom. Ursprünglich – 1990 – wurde sie von einigen jungen amerikanischen Familien als Chavura, als jüdische Lern- und Gebetgemeinschaft, gegründet. Doch sie ist auch für andere Juden attraktiv. 1996, ein Jahr nachdem sie sich als Gemeinde konstituiert hat, zahlt ein gutes Drittel der Mitglieder seine Beiträge nicht nur an Beth Shalom, sondern führt darüber hinaus Kultussteuer ab an eine der beiden großen jüdischen Körperschaften im Freistaat: die Israelitische Kultusgemeinde München und Oberbayern oder den Landesverband der Israelitischen Kultusgemeinden in Bayern.

Mittlerweile hat Deutsch die ursprüngliche Gemeindesprache Englisch abgelöst. Lauren Rid, langjährige Vorsitzende von Beth Shalom:

Weil wir eine so junge Gemeinde sind, erreichen wir Leute, die sagen wir, jung und jüdisch sind, die eigentlich weniger Wurzeln in der altmodischen orthodoxen jüdischen Welt in München oder im Ausland haben. Wir haben zum Beispiel in unserer Gemeinde Leute aus 13 Ländern.

Rabbiner Walter Homolka war die treibende Kraft bei der Neuformierung des liberalen Judentums in den neunziger Jahren. Foto: Deutsche Bank AG.

Dynamik in den Prozess der Wiederbelebung eines liberalen Judentums in Deutschland kommt fortan durch strategische Inszenierungen des eigenständigen Profils. Die treibende Kraft dafür wird Walter Homolka, damals Mitglied von Beth Shalom. Als Stabschef des Vorstandes der Bertelsmann Buch AG verfügt er über wichtige Erfahrungen auf dem Gebiet des Verlagswesens und des Marketing. Der ehemalige Student des Londoner Leo-Baeck-Colleges, promovierte Finanzwissenschaftler und promovierte Theologe kann unter anderem auf zahlreiche Veröffentlichungen in jüdischer Theologie verweisen und verfügt zudem über ausgezeichnete Beziehungen zur World Union und bedeutenden liberalen und konservativen Rabbinern. Aber zuvor präsentierte sich das neue liberale Judentum der Öffentlichkeit als eine Bewegung mit Geschichte. Zur Erinnerung an Leo Baeck beginnt das Gütersloher Verlagshaus an seinem 40. Todestag (2. November 1996) mit der sechsbändigen wissenschaftlichen Neuauflage seiner Werke. Beth Shalom veranstaltete dazu Mitte November 1996 gemeinsam mit der Leo-Baeck-Gesellschaft und der Bertelsmann Buch AG ein repräsentatives Book Launch Symposium. Im musikalischen Begleitprogramm erklangen in der Münchner Hochschule für Musik „zu Ehren des Wiedererstehens des liberalen Judentums in Deutschland" sowohl Werke von berühmten Komponisten für Synagogalmusik des

JÜDISCHE GEBETE
FÜR SCHABBAT UND WOCHENTAGE

JEWISH PRAYERS
FOR SABBATH AND WEEKDAYS

סדר התפלות

Das erste liberale Gemeindegebetbuch in Deutschland nach 1945, herausgegeben von der Liberalen jüdischen Gemeinde Beth Shalom München, wurde bei der Amtseinführung von Oberrabbiner Walter Jacob Ende 1996 der Öffentlichkeit vorgestellt.

19. Jahrhunderts wie Louis Lewandowski und Samuel Naumbourg als auch neuere Stücke wie eines des früheren Musikdirektors der Washington Hebrew Congregation, Hermann Berlinski. Realisiert wurde dieses Konzept von Walter Homolka:

Ich kann mich vor allem an eine ältere Dame erinnern, die in Tränen ausbrach, als sie die alte, ursprünglich ihr vertraut gewesene Liturgie wieder gehört hat. Dann weiß man eigentlich, dass sich hier kein Fremdkörper in Deutschland breit macht, sondern dass es ein Zurückgehen zu einer Tradition ist, die auch gerade Ältere, die dann Mitglieder bei uns geworden sind, gerne wieder

115

aufgreifen. Ich glaube, da schließt sich ein Kreis zu einer zutiefst deutschen Tradition, die nach Amerika transferiert wurde, und die uns nun sozusagen aus Amerika wieder zurückbefruchtet.

Oberrabbiner Walter Jacob wurde 1930 in Augsburg geboren. Von 1955 bis 1996 amtierte er an der Rodef Shalom Congregation von Pittsburgh. Er ist Präsident des Salomon B. Freehof Instituts für progressive Halacha. Seit seiner Amtseinführung als Oberrabbiner der Liberalen Jüdischen Gemeinde Beth Shalom engagiert er sich für den Wiederaufbau des liberalen Judentums in Deutschland.
Foto: Rodef Shalom Congregation, Pittsburgh.

Walter Jacob gehört zu denen, die nach Amerika auswandern mussten, um dem Nationalsozialismus zu entgehen. Für ihn persönlich ist diese festliche Veranstaltung in München eine Rückkehr in die Nähe seiner Jugend. Er wurde 1930 in Augsburg geboren. Sein Vater war dort Rabbiner und mit dem angesehenen Münchener Rabbiner Leo Bärwald eng befreundet. Als Student hat er am Hebrew Union College in Cincinnati noch bei Leo Baeck studiert. Heute gehört er als Präsident des Instituts für progressive Halacha und ehemaliger Vorsitzender der Zentralkonferenz amerikanischer Rabbiner zu den bedeutendsten Theologen und Ethikern des amerikanischen Judentums. Als Emeritus hat er sich nun vorgenommen, einen Beitrag zum Wiederaufbau des liberalen Judentums in Deutschland zu leisten und seine Erfahrungen beizusteuern. In Anwesenheit zahlreicher Ehrengäste wird er mit einem Festgottesdienst im Rahmen dieser Tagung in das Amt des Oberrabbiners von Beth Shalom eingeführt.

Ein neuer Rabbiner –
eine neue Organisation

Ein gutes halbes Jahr nach seiner Amtseinführung in München, nämlich am 27. Juni 1997, schreitet Walter Jacob selbst zur Amtseinführung in der Synagoge der Liberalen Jüdischen Gemeinde Beth Shalom. Im Spätsommer 1996 war Walter Homolka aus Kreisen der World Union gebeten worden, an seine Jüdischen Studien anzuknüpfen, um den Aufbau progressiver Gemeinden in Deutschland zu fördern. Ende Februar 1997 werden sie am Leo-Baeck-College evaluiert, am 11. April 1997 wird dort das Einverständnis zu seiner Ordination gegeben, am 6. Juni 1997 wird er schließlich am Rodef Shalom Temple von Pittsburgh, PA im Rahmen eines rabbinischen Symposiums unter Leitung von Rabbiner Walter Jacob zum Rabbiner ordiniert.

Zusammen mit seinen Rabbiner-Kollegen Allen Howard Podet (Buffalo NY) und Harry M. Jacobi (London, von 1982 bis 1990 Rabbiner von Or Chadasch Zürich) führt Walter Jacob als Oberrabbiner Walter Homolka in sein Amt als Gemeinderabbiner ein. Es ist ein spektakulärer Akt, der einiges an öffentlichem Interesse hervorruft, denn bei dieser Gelegenheit gibt auch die Union Progressiver Juden in Deutschland, Österreich und der Schweiz ihre Gründung öffentlich bekannt. Als eben gewählter Vorsitzender verkündet Micha Brumlik in der Münchener Beth Shalom-Synagoge im Rahmen eines Festgottesdienstes feierlich

Landesrabbiner Walter Homolka beim traditionellen Entzünden der Kerzen zum jüdischen Lichterfest (Chanukka) in der Jüdischen Gemeinde Hildesheim. Foto: Chris Gossmann.

das zuvor von zehn Gemeinden und Gemeinschaften unterzeichnete Gründungsprotokoll der neuen Union:

Ich darf Ihnen also mitteilen, dass an der Gründung unserer Union beteiligt gewesen sind die Kehilla Chadascha e.V. aus Frankfurt, die Liberale Jüdische Gemeinde München Beth Shalom e.V., die Liberale Jüdische Gemeinde Köln Gescher Lamassoret e.V., die Jüdische Gemeinde Hildesheim e.V., die Jüdische Gemeinde Seesen e.V., die Neue Jüdische Gemeinde Hannover e.V., die Jüdische Gemeinde Hameln e.V., die Jüdische Gemeinde Celle e.V., die Gemeinde Or Chadasch Wien und last but not least, die Jüdisch-Liberale Vereinigung in Kassel e.V.

Die Zürcher Gemeinde Or Chadasch will sich diesem Verbund vorerst noch nicht anschließen, aber ihr Rabbiner Tovia Ben Chorin beteiligt sich mit Rat und Tat. In ihrer Satzung unterstellt sich diese neue Union dem Europäischen Bet Din (Rabbinatsgericht) der World Union for Progressive Judaism. Walter Homolka wird einer seiner Richter. Damit verfügen das liberale oder progressive Judentum auch in Deutschland und Österreich zum ersten Mal nach 1945 wieder über eigene Autoritäten im Rahmen einer eigenen Struktur. Sie können jetzt selber religionsgesetzliche Entscheidungen fällen, Kasualien vornehmen und die künftige Richtung prägen. Das drückt sich vor allem in einem regen Publikationswesen aus.

1997 kommen die bereits erwähnten Gebetbücher auf den Markt. Bereits im Frühjahr 1998 folgt ebenfalls in Deutsch eine Pessach Haggada, herausgegeben von Rabbiner Michael Shire, dem Leiter des Bildungszentrums des britischen progressiven Judentums. Ein weiteres Jahr später im Frühjahr 1999 liegt auch schon ein Buch vor, das die Lehren des Progressiven Judentums umschreibt. Darin heißt es:

Modern ausgedrückt sollte man sagen, dass das progressive Judentum der Ansicht ist, dass die Tora von Gott inspiriert, aber von Menschen entsprechend ihres Verständnisses geschrieben wurde. Die Tora bezeugt eine prägende Erfahrung sowie die religiöse Botschaft, die von den damaligen und den folgenden Generationen daraus gehört wurde und jeweils neu ausgelegt werden muss. Ihre Heiligkeit besteht in dem, was sie bezeugt, nicht in der Art und Weise, wie sie es darstellt. ... Die Tora ist ein autoritativer Text, doch sie hat keine letzte Autorität. Die Tora verlangt genaue Aufmerksamkeit und Würdigung. Wenn diese ihr zuteil geworden ist, darf man von ihr abweichen. Dies liegt daran, dass der Prozess der Offenbarung ein fortschreitender („progressiv") ist, in dem Menschen beständig danach streben, Gottes Willen zu verstehen. Keine Generation hat ein

Jonathan A. Romain/ Walter Homolka: Progressives Judentum – Leben und Lehre, Jüdische Verlagsanstalt Berlin, Berlin 1999.

119

"Das Judentum in seiner ganzen Vielfalt" -
Die Jüdische Verlagsanstalt Berlin

Das Motto der Jüdischen Verlagsanstalt Berlin (JVB) ist, das Judentum in seiner ganzen Vielfalt darzustellen. Dazu bestehen im wesentlichen drei Programmbereiche: zum einen wissenschaftliche Arbeiten, dann Bildbände und schließlich religiöse Literatur. Dabei ist das Programm auch offen für Erweiterungen des Spektrums: in den Herbstkatalog 2002 sind erstmals eine Autobiographie sowie ein Roman aufgenommen, *Der Absender* des Schweizer Autors Daniel Ganzfried, von dem in der JVB bereits im Frühjahr 2002 die Erzählung über seine Recherche zum Wilkomirski-Skandal herauskam.

Zu den hauptsächlichen Bereichen: Die wissenschaftlichen Titel, zum Teil Dissertationen oder Tagungsbände, aber auch Monographien, beschäftigen sich zumeist mit historischen Themen aus Literaturwissenschaft, Kultur- und Religionsgeschichte, etwa über Abraham Geiger oder über Reiseberichte assimilierter westlicher Juden nach Osteuropa. Im vergangenen Herbst erschien Robert Alters in Amerika bekanntes Buch *Necessary Angels*, das in der deutschen Ausgabe den Titel *Unentbehrliche Engel* trägt. Allerdings sind nicht nur geisteswissenschaftliche Titel im Programm, sondern etwa auch eine politisch aktuelle Arbeit über den Nahostkonflikt.

Die Bildbände sind zum Teil aufwendige Textausgaben, farbig illustriert, wie eine zweisprachige Haggada mit Illuminationen mittelalterlicher Handschriften oder ein Begleitbuch zu einer Ausstellung über Lesser Urys ,Bilder der Bibel' im Centrum Judaicum in Berlin. Ein anderer großformatiger, vielfarbiger Band, über gemalte Heiratsurkunden, ist in Zusammenarbeit mit dem Israel-Museum in Jerusalem erschienen.

Das Thema Religion ist ein Schwerpunkt der JVB, und dies ist auch deshalb hervorzuheben, weil es in der deutschen Verlagslandschaft momentan nichts vergleichbares gibt. Zwar haben viele Verlage Bücher zu jüdischen Themen, aber in den wenigsten Fällen setzen sich diese mit der religiösen Praxis und Gegenwart des Judentums auseinander. Die JVB bringt zum einen Reprints wesentlicher Texte, die auch heute noch aussagekräftig sind, etwa von Julius Guttmann *Die Philosophie des Judentums* oder, im Herbst 2002 erschienen, den Nachdruck von Max Wieners *Jüdische Religion im Zeitalter der Emanzipation*. Besondere Resonanz findet die

Neuausgabe der Tora-Übersetzung Moses Mendelssohns, die bereits in der zweiten Auflage vorliegt. Daneben finden sich auch Gebetbücher im Programm, etwa eine zweisprachige Ausgabe von *Seder ha-Tefillot*, dann auch eine Darstellung des Jüdischen Gottesdienstes und ein Kleines 1x1 des Judentums - sowohl kompakte Einführungen für interessierte Außenstehende als auch fundierte Darstellungen für praktizierende Juden.

Für die inhaltliche Ausrichtung des Programms ist eine Konferenz unter der Leitung von Rabbiner Walter Homolka zuständig, der unter anderem Paul Mendes-Flohr vom Rosenzweig-Zentrum in Jerusalem angehört sowie Oberrabiner Walter Jacob aus Pittsburgh und Rabbiner Allan H. Podet aus Buffalo. Das sind zum Teil Vertreter des Reformjudentums, wie ja auch einige der vorhin genannten Autoren - Moses Mendelssohn, Max Wiener oder Abraham Geiger - das liberale Judentum repräsentierten. Aber die JVB ist allen Strömungen offen, und sie hat nicht nur einen Text des italienischen Kabbalisten Mosche Chajim Luzzatto im Programm. Im Herbst 2002 ist eine Ausgabe des *Birkat ha-Mason* erschienen, die sowohl die traditionelle Form des Tischgebets wie auch die liberale Variante bringt. Und der erfolgreicher Terminkalender *Durch das jüdische Jahr*, der 2002 im zweiten Jahrgang erschienen ist, enthält in seinem umfangreichen Adressteil Angaben zu allen möglichen jüdischen Institutionen und Gruppierungen, seien sie orthodox, konservativ oder progressiv.

Jüdische Verlagsanstalt Berlin
ab 1.3.2003: Bellermannstr. 25 - 13357 Berlin
geschaeftsstelle@jvb-online.de - www.juedische-verlagsanstalt.de
Fon: 030/454907.50
Fax: 030/454.907.52

Quelle: *Verlagsprospekt*

Monopol auf das Verständnis des Willens Gottes, jede hat ihre Einsichten, die von den folgenden Generationen vertieft und ausgeweitet werden können.

Dass daraus auch ein anderes Verständnis von Halacha folgt, darauf hat im deutschsprachigen Bereich im

Frühjahr 1999 auch Nathan Peter Levinson in einem Artikel für *UDIM XIX* (Zeitschrift der Rabbinerkonferenz für die Bundesrepublik Deutschland) hingewiesen. Im Herbst erscheint auch dazu ein Buch: *Jüdisches Religionsgesetz heute – Progressive Halacha*. Darin werden typische Probleme diskutiert. Zum Beispiel Mamser (illegitime Kinder), die Stellung der Frau, Konversionen (Übertritte), das Verhältnis zu Nichtjuden, Verbrechen, Krieg und Frieden. Der Autor, Rabbiner Moshe Zemer (Tel Aviv), ist wie Rabbiner Walter Jacob einer der Direktoren des Freehof Instituts für progressive Halacha. Die zentrale Botschaft dieses Textes: Es gibt nicht die eine Halacha, wie immer wieder von Vertretern der Orthodoxie behauptet wird, sondern unterschiedliche Halachot. Progressive Halacha ist nicht nur von der exegetischen Methode und den Bedingungen des Einzelfalls abhängig, sondern nutzt neben der traditionellen halachischen Literatur allseits akzeptierte wissenschaftliche Erkenntnisse. Sie berücksichtigt zudem die historischen, sozialen und ökonomischen Umstände und Wertmaßstäbe der Zeit, in der zu entscheiden ist.

Mittlerweile gibt es eine beachtliche Auswahl an gemeindepraktischer Literatur. Ein Teil davon ist im Gütersloher Verlagshaus erschienen. Seit Herbst 2000 besteht die Jüdische Verlagsanstalt Berlin (JVB), die in den Büchern für religiöse Praxis einen ihrer Schwerpunkte sieht.

NICHT OHNE „WIEDERGEBURTS"WEHEN

In den ersten Monaten nach ihrer Gründung erfährt die Union Progressiver Juden in der jüdischen Presse wenig offizielle Beachtung. Allein ein Artikel auf der Titelseite der *Allgemeinen* Anfang Juli 1997 von Moritz Neumann, Vorsitzender des Landesverbandes der Jüdischen Gemeinden in Hessen, legt die Vermutung nahe, dass der liberale Verband zur Kenntnis genommen geworden ist, auch wenn er in seinem Beitrag nicht erwähnt wird. Offiziell kritisiert er die Rabbinerkonferenz, weil sie es nicht fertig bringe, einen eigenen Bet Din zu installieren. Die neue liberale Union dagegen hat dieses Problem für sich gelöst. Als Walter Homolka die Geschäftsführung von Greenpeace Deutschland übernimmt, wird dem „Öko-Rabbi" sogar ein kleines Porträt in der *Allgemeinen* gewidmet. Als aber im November 1997 die World Union for Progressive Judaism in München tagt – nach 69 Jahren zum ersten Mal wieder in Deutschland – wird der Ton schärfer.

Allein diese Tatsache signalisiert nämlich, dass die liberalen Gemeinden und Gemeinschaften mehr anstreben als geduldete egalitäre Gottesdienste in den Räumen der Einheitsgemeinde. Sie wollen vielmehr mittelfristig zu einem Paradigmenwechsel innerhalb des Judentums in Deutschland beitragen. Das ist allerdings aussichtslos, wenn sie dabei religionsrechtlich von Entscheidungen orthodoxer Rabbiner abhängig sind. Pikant wird das Ereignis dadurch, dass neben den Unionsgemeinden mit dem damaligen Vorsitzenden der Jüdischen Gemeinde zu Berlin, Andreas Nachama, auch der Vertreter einer Einheitsgemeinde auftritt. Sie ist schon seit Jahrzehnten Mitglied der

www.liberale-juden.de Webseite der Union progressiver Juden in Deutschland, Österreich und der Schweiz.

progressiven World Union, hat davon nach 1945 allerdings wenig Gebrauch gemacht. Kurze Zeit ist er einer der Governors. Wegen einiger Protesterklärungen der World Union und der Zentralkonferenz amerikanischer Rabbiner gegen die aktuelle Praxis des deutschen Einheitsgemeindesystems wird er durch seine Repräsentantenversammlung gezwungen, dieses Amt niederzulegen. Liberale Gemeinden aus Deutschland hatten die Ausgrenzung beklagt.

Am 24. Dezember 1997 greift Daniel Krochmalnik, Professor an der Heidelberger Hochschule für Jüdische Studien, die liberalen Gemeinden frontal an und lässt in einem Kommentar „Wider die Spaltung" einen Wortschwall herabsetzender Etikettierungen zu Papier:

religiöse Individualisten, linke Anti-Zionisten, Intellektuelle auf der Suche nach ihren Wurzeln, Konvertiten ohne Erinnerungen aber mit utopischen Zukunftsvorstellungen, Menschen, die nicht sich, sondern das Judentum bekehren wollen, nichtjüdische Nachkommen von Mischehen, Randgruppen, instabile Protestzirkel. Nicht sie seien liberal, sondern die traditionelle Gemeinde, wo alle unter einem Dach zusammen kamen, niemand religiösen Zwang ausübte und jeder nach seiner Facon selig werden konnte. Er setzt darauf, dass die ohnehin wenig religiösen Zuwanderer aus der ehemaligen Sowjetunion die liberalen Gruppen meiden werden, weil sie von denen kein Geld kriegen könnten. Dieser Artikel markiert tiefgreifende Differenzen, vor allem aber auch eine tiefe emotionale Kluft.

RICHTUNGSKÄMPFE

Micha Brumlik glaubt, wie viele andere in der Union, dass gerade für diese neuen Mitglieder aus den GUS-Staaten das nicht-orthodoxe Judentum ein Angebot sein könnte, zur Religion zurückzukehren. Er kann sich aber nur den Rahmen der Einheitsgemeinde dafür vorstellen. Schon auf der Arnoldshainer Tagung 1996 vertritt er als deren Initiator die Auffassung, dass es nur darum gehe,

dass diese Gemeinden und Gemeinschaften sich wechselseitig unterstützen, ihre gegenseitigen Interessen wahrnehmen, etwa durch die Ausrichtung solcher Tagungen. Es ist also keine Konkurrenzsituation etwa zum Zentralrat der Juden in Deutschland. Darum geht es nicht. Es ist eine rein religiöse Interessenorganisation, die wechselseitig sich intern unterstützen will und die Belange von liberalen und nicht orthodoxen Juden gegenüber den verfassten Einheitsgemeinden wahrnehmen möchte.

Unmittelbar nach dem Gründungsgottesdienst der Union bekräftigt er diese Auffassung im Gespräch: „Der allgemeine politische Kurs unserer Union ist es, dem progressiven Judentum Sitz und Stimme im Rahmen der Struktur der Einheitsgemeinde zu verleihen". Sein Ziel ist, dem Judentum in Deutschland auf lange Sicht eine neue Verfassung zu geben.

Rabbiner Homolka, ebenfalls Mitglied im Vorstand der Union, setzt von Anfang an etwas andere Akzente. Ihm ist wichtig,

dass die Weltunion für Progressives Judentum hier die Entwicklung mitbeobachtet und begleitet, damit diese Gemeinden in ein größeres Ganzes hineinwachsen und sich identifizieren können mit einer positiven liberalen Haltung. Das hat es nötig gemacht, eine religiöse Arbeitsgemeinschaft zu gründen, und ich glaube, das ist ein hoffnungsfrohes Zeichen, dass sich das Ganze verstetigen wird und auch in der Anbindung an eine Weltgemeinschaft identitätsbildende Kraft entwickelt.

Langwierige Auseinandersetzungen innerhalb des Einheitsgemeindesystems scheinen ihm unangemessen kraftraubend und nicht übermäßig erfolgversprechend. Diese Energie könne man effektiver und mit größerer Befriedigung in den Aufbau von liberalen jüdischen Gemeinden investieren.

Die Differenzen entladen sich auf der 1. Arbeitstagung der Union vom 12. bis 14. Dezember 1997 in St. Andreasberg/ Harz. Das Thema dieses Konfliktes kommt allerdings überraschend. Der Unionsvorsitzende Micha Brumlik wirft Walter Homolka vor, noch viereinhalb Jahre zuvor in einer evangelischen Kirche im christlichen Sinne gepredigt und in seiner Dissertation über Leo Baeck lutherische Theologie vertreten zu haben. Er sei deshalb für das Rabbineramt ungeeignet.

Dieser Angriff fällt in eine Zeit, in der Homolka ehrenamtlich ein neues rabbinisches Amt übernehmen soll. Bedingt durch einen beruflichen Wechsel nach Hamburg als 1. Geschäftsführer von Greenpeace Deutschland muss er die Münchener Gemeinde Beth Shalom verlassen. Dafür soll er am 1. März 1998 Landesrabbiner in Niedersachsen werden. Die Gemeinden in der Union progressiver Juden und die Jüdische Gemeinde Göttingen haben sich dort – unabhängig vom Landesverband der Jüdischen Gemeinden – zu einer eigenen Vertretung zusammengeschlossen, dem Landesverband der Israelitischen Kultusgemeinden in Niedersachsen. Die Delegiertenversammlung der Union misst Brumliks Vorwürfen gegen Homolka allerdings keine große Bedeutung bei, kann sie außerdem, was die theologische Bewertung angeht, entkräften. Auf jeden Fall gewichtet sie die Tatsache seines entschiedenen Engagements für das progressive Judentum weit höher als Ereignisse, die einige Jahre vor der Wiederbegründung des liberalen Judentums in Deutschland gelegen haben mögen. Homolka gewinnt die Vertrauensabstimmung eindeutig, und Micha Brumlik legt daraufhin den Vorsitz nieder. An seiner Stelle wird der Kölner Journalist Michael Lawton gewählt.

Zu den Motiven der Versammlung mutmaßte Brumlik

Sprechstunde im Durchgangslager

In Niedersachsen ist das Grenz-
durchgangslager in Bramsche
die erste Station für jüdische
Kontingentflüchtlinge.
Foto: Heinz-Peter Katlewski.

Mittwoch, 10 Uhr: Sprechstunde im Grenzdurch-
gangslager Bramsche-Hesepe. Herr B. ist 38 und
Biophysiker. Er stammt aus Moskau und will sich
jetzt in Deutschland selbstständig machen. Seine
Frau ist Jüdin, er nicht. Die Familie O. aus der
Ukraine dagegen hatte schon daheim Kontakt
zu einer liberalen jüdischen Gemeinde. Aber
wichtiger als die Religion ist ihr im Moment, wo
in Niedersachsen die besten Chancen bestehen,
Arbeit zu finden. Sofern es ihre Zeit zulässt,
macht Margarita Souslovitch keinen Unterschied
zwischen jüdischen und nichtjüdischen Besuchern.
Russisch müssen sie können.

Die Sozialarbeiterin kommt jede Woche für mindestens zwei Tage hierher und stellt ihr Wissen
und ihre Erfahrungen mit Ämtern, Behörden und
Unternehmen zur Verfügung. Mittwochs um 14
Uhr steht für alle Einwohner in der Bibliothek ein
Integrationsthema auf dem Programm, z.B.:
Welche Behördenwege sind nach Abschluss eines
Mietvertrages noch zu erledigen? Wo gibt es Informationen zur
beruflichen Fortbildung? Welche Hilfen gibt das Arbeitsamt? In Verbindung mit ihren Gemeinden versucht sie, sie auch bei der Woh-
nungssuche zu unterstützen.

Margarita Souslovitch vertritt eine der beiden jüdischen Spitzen-
organisationen in diesem Bundesland, den Landesverband der
israelitischen Kultusgemeinden in Niedersachsen. Er vereinigt nur
die liberalen Gemeinden in Bad Pyrmont, Celle, Göttingen, Hameln,
Hannover, Hildesheim und Seesen. Einige der Zuwanderer wissen
um die Unterschiede zwischen den verschiedenen Strömungen,
viele nicht. Einen Teil ihrer Zeit verbringt sie damit, das Besondere
der liberale Bewegung zu erläutern.

Es ist langweilig an diesem abgelegenen Ort. Die Kontingentflüchtlinge müssen in der ehemaligen Kaserne Wochen, manchmal Monate verbringen, jedenfalls so lange, bis klar ist, wo sie
künftig leben werden. Souslovitch hilft ihnen dabei, sich ein Frei-
zeitangebot zu organisieren. Manchmal kommen Hebräischkurse
zusammen, ein anderes Mal wird mehr getanzt und gesungen,

dann wieder bilden sich Arbeitsgemeinschaften. Sie selbst veranstaltet für Frauen einen Gymnastik- und Aerobic-Kurs.
Eine Folge der Zeit in Bramsche ist bereits der Liberalen-Jüdischen Gemeinde Hannover zugute gekommen. Einige Musiker unter den Einwanderern hatten sich dort zu der Jazzband „Zadikim" (Die Gerechten) zusammengeschlossen. Jetzt leben sie in Hannover. Bei der Party der liberalen Gemeinde zu Simchat Tora (Tora-Freudenfest) heizten sie den Besuchern musikalisch ein.

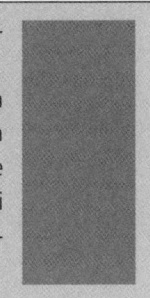

am 8. Januar 1998 in einem Interview mit der *Allgemeinen Jüdischen Wochenzeitung*:

Dr. Homolka und die starke Brücke, die er zum angelsächsisch-liberalen Judentum darstellt, ist vermutlich eine wesentliche, wenn nicht das einzige Verbindungsglied, das viele Mitglieder der hiesigen jüdisch-liberalen Gemeinden zum Judentum haben. Insofern haben sie aus ihrer Interessenlage heraus völlig logisch gehandelt. Hätten sie mir zugestimmt, dann wäre eine ganze Reihe ihrer eigenen Belange, wie zum Beispiel Konversionen und Statusfeststellungen, erheblich ins Rutschen geraten.

Die Deutsche Rabbinerkonferenz reagiert am 17. Januar 1998 auf dieses Interview mit einem Verdikt. Sie glaubt feststellen zu können, dass Walter Homolka weder Jude sei noch Rabbiner. Eine Entscheidung, der Henry G. Brandt, Mitglied der Rabbinerkonferenz, sogleich jede Legitimität und Legalität abspricht. Als reines Konsultationsorgan hat dieses Gremium zu solchen Beschlüssen tatsächlich keinerlei Befugnis. Die Leserbriefspalten der *Allgemeinen* im Februar 1998 zeugen von Homolkas Rückhalt in den Reihen der Union progressiver Juden. Und auch führende britische und US-amerikanische Rabbiner aus den Reihen des progressiven Judentums unterstützen ihn.

WER BESTIMMT, WER JUDE IST?

Die Statusfrage, auf die Micha Brumlik in der *Jüdischen Allgemeinen* hinweist, ist tatsächlich wichtig. Die *Allgemeine* macht sie im Januar 1998 unter dem Titel „Wer bestimmt, wer Jude ist?" zum Thema. Anlass ist allerdings die aktuelle Debatte in Israel um ein Konversionsgesetz.

Henry G. Brandt, zu dieser Zeit der einzige in Einheitsgemeinden amtierende liberale Rabbiner, plädiert dafür, sich von den israelischen Auseinandersetzungen frei zu machen und eigene Wege zu gehen. Halachisch sei ein Gijur (Übertritt) grundsätzlich möglich. Voraussetzungen seien ein klares Bekenntnis zur Einheit Gottes, die Annahme von Geboten, Grundkenntnisse der verschiedenen Aspekte des Judentums, die durch ein längeres vorbereitendes Studium erworben werden müssten, eine entsprechende Wartezeit, regelmäßiger Gottesdienstbesuch und Integration in die Gemeinde und schließlich die Prüfung vor einem Bet Din aus Rabbinern, anschließend Tauchbad (Mikwe) bzw. Beschneidung (Brit Mila). Der Osnabrücker Rabbiner Marc Stern widerspricht: Maßstab für eine Konversion seien die strengen Kriterien des israelischen Oberrabbinats. Die großzügigeren Interpretationen der Halacha im liberalen Judentum würden orthodoxe Rabbiner nicht übernehmen. Liberale Konvertiten seien damit zwangsläufig Juden zweiter Klasse, die von der Orthodoxie nicht anerkannt würden.

In Israel wird dieser Kampf bis heute mit harten Bandagen geführt. Am 20. Februar 2002 erreichten allerdings liberale und konservative Juden in Israel vor dem Obersten Gericht des Landes einen ersten historischen Sieg. Danach sind für den Staat auch solche Konversionen gültig und bindend, die Rabbinergerichte der Reform- oder der Masorti-Bewegung in Israel vollzogen haben. Da aber in familienrechtlichen Fragen in Israel nach wie vor das orthodoxe Rabbinat zuständig ist, ist dieser Erfolg zur Zeit vor allem von Bedeutung für die Frage der Staatsbürgerschaft nach dem Rückwanderergesetz.

Auch progressive Juden missionieren nicht, aber sie sind deutlich offener gegenüber Menschen, die zum Judentum übertreten wollen. In den 35 Grundsätzen der Union progressiver Juden heißt es:

Obwohl die Tora oft von der väterlichen Abstammungslinie ausgeht, hat sich traditionell die mütterliche Abstammungslinie durchgesetzt. Wir sehen die Matrilinearität als traditionelles Merkmal der Verbundenheit mit dem jüdischen Volk. Wir fördern jedoch die Teilnahme am Gemeindeleben von Kindern, die nur einen jüdischen Vater haben, um ihnen den Weg ins Judentum zu erleichtern.

Und weiter: „Wir heißen Menschen gleichberechtigt willkommen, die sich uns aus ehrlicher Absicht anschließen möchten. Nach einer längeren Zeit jüdischen Lernens und der Teilnahme am Leben der Gemeinde geschieht der Übertritt vor einem Bet Din mit Brit Mila bzw. Mikwe und Gebet."

Gerade Kinder jüdischer Väter, aber auch jene, die das Judentum als Ergebnis ihrer persönlichen religiösen

Suche annehmen wollen, finden in den liberalen Gemeinden eher eine Heimat. Vor einem Übertritt können sie zwar kein stimmberechtigtes Mitglied werden und auch nicht an liturgischen Handlungen mitwirken oder zur Tora aufgerufen werden, aber im übrigen sind sie eingeladen, am Gemeindeleben teilzunehmen. Sie können auch Tora lernen und den Religionsunterricht besuchen. Nach einem Übertritt ist ihre einstige Konversion kein Thema mehr. Sie gelten als Juden wie alle anderen. Ein solcher Übertritt gilt weltweit beim weitaus größten Teil des Judentums, also allen progressiven Denominationen einschließlich der konservativen Bewegung.

Konversion zum Judentum

Geht man weit zurück in die Vergangenheit, dann stand bereits am Anfang der israelitischen Geschichte „ein Misch-Masch von Leuten, die sich den Flüchtenden anschlossen". So steht es in Exodus 12, 38. Als Jahrhunderte später die Elite des Volkes ins Babylonische Exil geschickt wurde, pflegten sie ihre Religion, während es in der Heimat unübersichtlich wurde. Manche passten sich dort den neuen Verhältnissen an, heirateten über die Grenzen ihres Volkes hinweg, verehrten sogar deren Götter, während andere zum Gott der Tora hielten. Als die Verbannten aus dem Exil zurückkehrten, hatten sie es mit Menschen unterschiedlicher Religion zu tun. Zum jüdischen Volk zählten sie jetzt nur die, die sich zum jüdischen Glauben bekannten. Die Bibelwissenschaft vermutet, dass das Judentum in der folgenden hellenistischen Periode unter den Griechen für seinen Glauben geworben habe, so wie die Griechen ihrerseits für ihre Philosophenschulen Anhänger suchten. Aber auch später gab es immer wieder Masseneintritte. Im Mittelalter zum Beispiel das Turkvolk der Chasaren, im 15. Jahrhundert die Subbotniki in Russland, im 20. die Bayudaya in Uganda.

Der Siegeszug des Christentums machte aber den Übertritt zum Judentum zu einer gefährlichen Angelegenheit. Konversionen waren nicht nur verboten, seit dem 7. Jahrhundert wurden Konvertiten und Proselytenmacher gleichermaßen mit dem Tode bedroht. Dennoch gab es während des gesamten Mittelalters immer wieder Übertritte, auch von Klerikern. Doch in den jüdischen Gemeinden wächst in dieser Zeit die Zurückhaltung, schließlich schlägt sie in Ablehnung um, weil sie für ihre Existenz bedrohlich sind. Jetzt werden halachische Positionen besonders betont, die Übertritte erschweren. Sie beherrschen fortan den Ton der Tradition.

Nach der Schoa gibt es gerade im liberalen Judentum Überlegungen, für das Judentum offensiv zu werben. Einer der Wortführer ist Leo Baeck. Auf der sechsten internationalen Konferenz der World Union for Progressive Judaism Mitte Juli 1949 bittet er das amerikanische Reformjudentum, darüber nachzudenken, wie das Judentum mit seiner Lehre und seinen Werten offensiv werden kann. Er hebt die Missionserfolge von Christentum, Islam und Buddhismus hervor und formuliert dann eine Vision: „Die Menschheit hungert und dürstet nach dem, was das Judentum aussagen kann, was Juden, die erfüllt sind, vom Judentum aussagen können. Wir erinnern uns an viele Beispiele. Das Judentum wurde gewissermaßen für Nicht-Juden attraktiv, und so manche traten über, gebildete Leute, hochgeistige Leute. Sollten wir nicht wieder neu anfangen? Sollten wir nicht unsere Missionare nach Asien, in den Fernen Osten und in andere Länder zu den Leuten senden, die da auf uns warten?"

Das Judentum missioniert immer noch nicht. Aber im liberalen Judentum ist die Bereitschaft groß, Menschen, die aus ehrlicher Überzeugung einen Übertritt erwägen, zu unterstützen. Ein Gemeinderabbiner erhält heute zeitweilig fünf bis sechs Anfragen am Tag, meist aus sehr flüchtigen Erwägungen. Voraussetzung für die Aufnahme ist, dass man über eine längere Zeit in einer Gemeinde mitarbeitet, an einem Konversionskurs teilnimmt, Gebote auf sich nimmt und sich schließlich in vollem Umfang mit dem jüdischen Volk identifiziert. Vor dem Übertritt steht ein Gespräch mit einem Bet Din. Wenn dieses Rabbinergericht die Aufnahme beschließt, ist man nach liberalem Verständnis eigentlich schon Jude. Damit sich diese Prozedur jedoch nicht grundsätzlich von der orthodoxen Praxis unterscheidet, sind weitere Akte nötig. Ein Mann muss von einem anerkannten Mohel als Zeichen der Zugehörigkeit zum Bund (Berit Mila) beschnitten werden; Männer und Frauen müssen zur rituellen Reinigung in die Mikwe (Tauchbad). Orthodoxe Rabbiner werden häufig immer noch Vorbehalte haben gegen diesen Übertritt, für das gesamte nichtorthodoxe Judentum ist er gültig.

Koscher-Stempel für die Liberalen?

Freitag Abend, 28. Juni 2002. Die Union progressiver Juden in Deutschland, Österreich und der Schweiz hat sich wieder einmal zu ihrer Jahrestagung in der Evangelischen Akademie Arnoldshain versammelt. Vermutlich zum letzten Mal an diesem Ort, denn der Andrang in den letzten Jahren ist so stark geworden, dass das Haus aus allen Nähten platzt. Der Kiddusch nach dem Kabbalat Schabbat-Gottesdienst ist vorbei, der Speisesaal leert sich. Die meisten streben zum geselligen Teil des Abends: Oneg Schabbat. Eine Rabbinatsstudentin aus Moskau hat das Piano erobert und heizt einem begeisterten Publikum mit Musical-Songs und Schabbatgesängen ein.

Nur in einer Ecke des Flures hinaus zur Lobby knäuelt sich ein Grüppchen, das heftig miteinander diskutiert: Rabbiner, Vorstandsmitglieder der Union progressiver Juden, Repräsentanten der World Union, darunter aus London der Präsident ihrer europäischen Region, Leo Heppner, und der neue internationale Generalsekretär, Rabbiner Uri Regev aus Jerusalem. Mittendrin ist Nathan Kalmanowicz, der Kultusdezernent des Zentralrats der Juden. Der Dialog konnte an keinem kurioseren Ort begonnen werden. Was als ein spontaner Disput begann, mündet später in ein Gespräch hinter verschlossenen Türen. Im Zentrum der Debatte steht das künftige Verhältnis der liberalen Gemeinden zum Zentralrat der Juden in Deutschland. Die großen Stadtgemeinden und Landesverbände jüdischer Gemeinden, die sich dort zusammengeschlossen haben, sind alle Körperschaften des öffentlichen Rechtes. Da diese Organisationen verpflichtet sind, alle Juden am Ort aufzunehmen, erheben sie und damit auch der Zentralrat den Anspruch, alle Juden in Deutschland vertreten zu können. Das es nicht ganz so einfach ist, sieht man daran, dass die Gemeinden, die sich hier versammelt haben, weder dem Zentralrat noch einem seiner Landesverbände angehören.

Das Gespräch hat offenbar in einer konstruktiven Atmosphäre stattgefunden. Am folgenden Abend findet Nathan Kalmanowicz jedenfalls verbindliche Worte in seiner Grußadresse an diese Tagung. Als Vertreter des Zentralrats könne er mit der Gleichberechtigung von Männern und Frauen im Gottesdienst, der etwas anderen Liturgie der Liberalen und der Muttersprache bei einzelnen Gebeten leben. Und dann:

Es ist wirklich bemerkenswert, dass erstmalig vom Präsidium des Zentralrats beschlossen wurde, einen Delegierten herzuschicken. Ich habe die Erkenntnis gewonnen, dass viel guter Wille da ist. Ich habe von allen Vorträgen, und ich habe so gut es ging gestern und heute so ziemlich an allen Referaten teilgenommen. Die laufen hier natürlich unter progressives Judentum – die hätten genauso gut im Rahmen irgendeiner Zentralratsveranstaltung laufen können. Was zu beweisen war, dass hier alle Juden sind und die Themen zumindest zum weit, weit überwiegenden Teil sicherlich gemeinsam sind.

Was er nicht erwähnt, dass hier nicht nur Juden versammelt, sondern auch Gemeinden vertreten sind. Sie haben sich bereits eine eigene Infrastruktur geschaffen und verstehen sich als Teil einer großen internationalen Bewegung. Von den Vertretern des Zentralrats werden sie üblicherweise als Kulturvereine oder einfach nur als Vereinigungen klassifiziert.

PLURALISMUS AM GÄNGELBAND?

In einem Interview für die Herbstausgabe 2002 der vierteljährlich erscheinende Zeitschrift *Jüdisches Europa* findet genau diese Sprachregelung Anwendung. Der Zentralrat will am Prinzip der Einheitsgemeinde nicht rütteln lassen, betont Kalmanowicz dort: „Unter unserem Dach können sich sämtliche religiöse Schattierungen des Judentums formieren." Damit aber haben die meisten von denen, die sich Mitte der Neunziger Jahre zur Gründung einer liberalen Gemeinde entschlossen haben, bereits Erfahrung. Allein in Wien ist unter dem Dach der Israelitischen Kultusgemeinde eine respektable Lösung gefunden worden, die der Bewegung für ein progressives Judentum Or Chadasch ihre Autonomie sichert. Die Wiener ermuntern ihre Mitglieder sogar dazu, zugleich bei der Einheitsgemeinde Mitglied zu werden. Gut die Hälfte der Mitglieder hält es so.

Ob nicht-orthodoxen Juden in den Gemeinderäumen tatsächlich die Möglichkeit gewährt wird, ihre Religiosität in einer würdigen Form zu leben, das ist in der Regel vom zuständigen Rabbiner abhängig und seinem halachischen Urteil. Juden in Deutschland, die

sich bewusst für die liberale oder konservative

Ausprägung des Judentums entschieden haben, praktizieren ihre Religion meist deutlich intensiver als solche, die nur der Konvention wegen der jüdischen Gemeinde angehören. Nur behandeln und lösen sie viele halachische Fragen eben anders als orthodoxe. Ein orthodoxer Rabbiner wird die Maßstäbe der progressiven Halacha im allgemeinen nicht einmal erwägen, sondern als bloße Häresie abtun. Einem egalitären Minjan, in dem Frauen und Männer gleichrangig den Gottesdienst gestalten, wird er kaum die Synagoge öffnen oder ein Sefer Tora (Torarolle) für deren Gottesdienst zur Verfügung stellen.

Nur in Berlin sind die Verhältnisse anders. Es gibt dort orthodox geprägte Synagogen, aber auch solche, die sich eher als konservativ verstehen. Die liberale Tradition repräsentierte bis 1995 ausschließlich die Synagoge in der Pestalozzistraße. Sie verkörpert eine Variante, die für Deutschland einst charakteristisch war: Frauen und Männer sitzen auf einer Ebene, aber getrennt. Der Gottesdienst wird von einem professionellen Kantor geleitet, unterstützt von einer Orgel und einem gemischten Chor. Allerdings: Gottesdienstliche Funktionen können hier nur Männer übernehmen.

1995 aber werden Wünsche nach Gottesdiensten laut, wie sie im liberalen Judentum außerhalb Deutschlands gang und gäbe sind. Diese Gruppe möchte aktiv gestalten, die Muttersprache soll eine größere Rolle spielen, und Männer und Frauen sollen gleichberechtigt sein. Zunächst findet sie Unterkunft in einem Klassenraum der Jüdischen Volkshochschule. Nach drei Jahren wird ihr ein Betraum auf der dritten Etage der Neuen Synagoge Oranienburger Straße angeboten. Er stand bis dahin die meiste Zeit leer. Dorthin zieht nun auch eine weitere Gruppe, die sich seit 1994 eine

Ist eine schwule Ehe heilig?

1972 verkündete in Los Angeles eine Gruppe von Juden ihren Traum, einen Ort zu schaffen, wo sie sich sicher fühlen und ihren Glauben praktizieren konnten, ein Haus des neuen Lebens, Beth Chayim Chadashim, eine schwul-lesbische Synagoge. Sie wurde das erste Projekt dieser Art. Heute bezeichnet sie sich als eine inklusive Gemeinde – Lesben, Schwule, Bisexuelle, Heterosexuelle, alle gehören dazu – und als Teil der Reformbewegung.

Weil in Deutschland im August 2001 das „Gesetz zur eingetragenen Lebenspartnerschaft" gleichgeschlechtlichen Paaren das Recht gäbe, einen eheähnlichen Status zu gewinnen, fragte die *Jüdische Allgemeine* in der Ausgabe 1/2001: „Wie beurteilt das Judentum gleichgeschlechtliche Liebe?" Der 1923 geborene ehemalige Landesrabbiner von Nordrhein, Abraham Hochwald, gab aus einer orthodoxen Perspektive eine Art halachisches Gutachten ab: Homosexualität sei widernatürlich, Synagogen oder Vereine von homosexuellen Juden dürften nicht anerkannt werden, „die Eheschließung zwischen zwei Personen desselben Geschlechtes" sei „aus Sicht des Judentums eine Verhöhnung des Begriffs ‚Kidduschin' (Verlobung bedeutet ‚Heiligkeit'), und soll unbedingt unterlassen werden." Albert H. Friedlander, Landesrabbiner der liberalen Gemeinden in Niedersachsen, hielt dagegen: Dass Homosexualität widernatürlich sei, werde von der Wissenschaft heute nicht mehr bestätigt, es gäbe sie im übrigen auch unter traditionellen Rabbinern. Dass Rabbiner Hochwald sie von der Heiligkeit fernhalten wolle, sei traurig. Rabbiner Allen H. Podet, Gründungsrektor des Abraham Geiger Kollegs hat einen Vorschlag, wie ein gleichgeschlechtliches Paar seine Verantwortung füreinander in einer religiösen Zeremonie öffentlich bekunden könnte. In einem Beitrag für die *Welt am Sonntag* regt er an, die Mesusa feierlich in der gemeinsamen Wohnung anzubringen. Damit werde die Gründung eines jüdischen Hauses symbolisiert.

In liberalen Gemeinden arbeiten schwule und lesbische Mitglieder selbstverständlich mit, aber nicht alle homosexuellen Juden sind deshalb auch progressive Juden. Für alle offen sind dagegen ihre Verbände: Yachad - Vereinigung schwuler, lesbischer und bisexueller Jüdinnen und Juden (Web: www.yachad-deutschland.de), Re'uth - Vereinigung Jüdischer Homosexueller in Österreich (E-Mail: re_uth@hotmail.com) und Alize - Jüdischer Schwulen- und Lesbenverein Zürich (E-Mail: alize@gmx.ch).

Etage tiefer im Centrum Judaicum traf und eher experimentelle Gottesdienste veranstaltete. Schließlich tritt eine dritte Gruppe auf, die sich an der orthodoxen Gebetsordnung orientiert, gleichwohl aber einen egalitären Gottesdienst wünscht. Der gemeinsame Nenner aller ist die Gleichberechtigung von Männern und Frauen.

Die Neue Synagoge Oranienburger Straße zieht all jene an, die mit den anderen Synagogen nicht zufrieden sind – eine sehr heterogene Beterschaft. Typisch ist hier nur die Abwechslung. Bei den Kantorengottesdiensten am Samstag Vormittag wird generell der *Seder ha-Tefillôt* eingesetzt. Ansonsten bestimmt die jeweilige Kantorin (!) den Gottesdienstablauf. Einmal im Monat ist ein „lernender Minjan" mit der Gottesdienstvorbereitung betraut. Der orientiert sich am liberalen Gottesdienstmodell. Der Kabbalat Schabbat (Schabbateingang) dagegen wird stets nach einer orthodoxen Liturgie gefeiert.

Die Alte Landsynagoge in Selm-Bork wird heute u.a. vom Egalitären Minjan Ruhrgebiet (www.minjan.de) genutzt.
Foto: Chajm Guski, Gelsenkirchen.

Die nicht-orthodoxen Synagogen bekommen von der Jüdischen Gemeinde Berlin einen hauptamtlichen liberalen Rabbiner zugeteilt. Zur Zeit sind es sogar zwei, weil nicht nur Pestalozzistraße und Oranienburger Straße zu bedienen sind, sondern auch weitere nicht-orthodoxe Synagogen in der Stadt. Ohne Anstellung führt den Titel Rabbiner auch der frühere Gemeindevorsitzende Andreas Nachama. Er hat sein Diplom über ein Fernstudienprogramm der Jewish Renewal Bewegung in den USA erworben. Auch er amtiert regelmäßig nach einem liberalen Ritus. Zum Jahresende 2002 wird allerdings seine Stammsynagoge

In der Sukka – die Egalitäre Chavura Gescher Freiburg feiert das Laubhüttenfest. Foto: privat.

in der ehemalige Militärkapelle am Hüttenweg geschlossen. Die Gemeinde hat aus Kostengründen den Mietvertrag gekündigt.

Einen besonderen Status hat auch der Egalitäre Minjan Ruhrgebiet. Er gehört zum Einzugsbereich des westfälischen Landesrabbiners Henry G. Brandt und versteht sich als ein Angebot, das sich vor allem an konservativ und liberal orientierte Juden in der Region richtet. Er ist aber auch offen für Gäste, die ein ernsthaftes Interesse am Judentum haben. Seit dem Jahr 2000 kommt dieser Minjan einmal im Monat in einer ehemaligen Landsynagoge in Selm-Bork bei Dortmund zusammen. Anfang des Jahres 2002 hat er sich eine vom Landesrabbinat gebilligte Synagogenordnung gegeben. In Frankfurt dagegen wurde der monatliche egalitäre Minjan in den Seniorenclub der Gemeinde ausgelagert. Die Chavura Gescher in Freiburg trifft sich zu Hause in Privaträumen und kooperiert im übrigen intensiv mit dem Baseler Verein Ofek. Aber obwohl sie politisch in der Israelitischen Gemeinde Basel einflussreich ist, muss auch diese Gruppe mit ihren Gottesdiensten in ein örtliches Kulturzentrum ausweichen. Ihre Schiurim (Lernstunden) allerdings dürfen sie in der Bibliothek der Gemeinde abhalten. Eine lebendige liberale jüdische Gemeinde wie Beth Shalom in München finanziert mit rund 170 Vollmitgliedern und 30 Förderern aus eigener Kraft eine halbe Rabbinerstelle. Unter dem Dach der 8000 Mitglieder starken Israelitischen Kultusgemeinde hätte sie, das sagt Nathan Kalmanonwicz im Interview für *Jüdisches Europa* ganz unverblümt, keine Aussicht, einen liberalen Rabbiner durchzusetzen. Da gäbe es andere Prioritäten. Außerdem betont er, dass die Leistungen der Gemeinde nur jene in Anspruch nehmen könnten, die Juden sind: „Es muss aber wiederholt werden – weil es so wichtig ist –, dass es sich um jüdische Mitglieder handelt, weil die Gemeinde ihre Ressourcen für die eigenen Kirchensteuer zahlenden Mitglieder bewahren muss."

KEIN LEBEN IN DER SCHMUDDELECKE

Nun können auch bei Beth Shalom nur solche Menschen ordentliches Mitglied werden, die Juden sind. Übrigens gilt das für alle Unionsgemeinden. Zuweilen hoffen Gruppen, die eine jüdische Identität annehmen wollen, unmittelbar als Gemeinde aufgenommen zu werden, obwohl nur eine Minderheit bereits halachisch jüdisch ist. Solche Ansinnen sind bislang stets abgelehnt worden. Auch Kinder jüdischer Väter aber ohne eine jüdische Mutter müssen sich nach den Regeln des Bet Din der Union progressiver

Juden und Europäischen Region der liberalen Weltunion einem Konversionsprozess unterziehen. Dennoch
bleibt ungewiss, ob ein orthodoxes Rabbinat diese
Übertritte ohne weiteres als koscher anerkennt.

Vor dem Nationalsozialismus waren es liberale Juden,
die das Prinzip der Einheitsgemeinde in Deutschland
eisern verteidigt haben. Damals waren sie in der
Mehrheit und legten gegenüber orthodoxen Juden ein
deutlich toleranteres Verhalten an den Tag. Dass das
Judentum eine pluralistische Religion ist, gehörte für
ihre religiösen Führer zum Selbstverständnis. Sie ach-
teten die Lehren und die Lebensweise ihrer orthodoxen Rabbinerkollegen, auch wenn sie mit ihnen nicht
übereinstimmten. Ein solcher Respekt ist außerhalb
der nordamerikanischen modernen Orthodoxie – die
aber wieder eine Minderheit im örtlichen Judentum
repräsentiert – eine Ausnahme.

Schon deshalb neigen jedenfalls die bereits selbststän-
digen liberalen Gemeinden in Deutschland dazu, weiterhin eigene Wege zu gehen, statt in eine Einheitsgemeinde zurückzukehren, in der sie nur eine
Schmuddelecke zugewiesen bekommen. Jugendkeller
und Altenzentren können in einer Pionier- oder einer
Übergangsphase ausreichende Räume sein. Ein würdi-
ges Gemeindeleben lässt sich damit auf Dauer nicht
gestalten. Ein gemeinsames Dach wird nur dann als
attraktiv empfunden, wenn die eigene Autonomie
bewahrt bleibt und liberale Rabbiner ihre halachischen Autoritäten bleiben können.

Aus Jerusalem erhalten sie für diese Haltung Rücken-
wind. Der neue Generalsekretär der World Union for
Progressive Judaism, Uri Regev, war jahrelang Leiter
des Israel Religious Action Center. Das ist der politische Arm der israelischen Reformbewegung. Er erstritt

schließlich vor staatlichen Gerichten die Rechte für die nicht-orthodoxen religiösen Juden. Sein größter Erfolg ist das Urteil des obersten Gerichtes Israels zur Anerkennung von liberalen und konservativen Übertritten ins Judentum:

Rabbiner Uri Regev, Geschäftsführender Direktor der World Union for Progressive Judaism, Jerusalem. Foto: WUPJ.

In unserem schriftlich niedergelegten Motto standen solche Programmformeln wie: Für die Gleichheit aller, soziale Gerechtigkeit und religiöse Toleranz. Unser ungeschriebenes Motto aber hieß: „Nein" ist für uns keine Antwort! Und wir haben oft nur ein „Nein" zu hören bekommen! Aber wir fanden stets, das ist keine zufriedenstellende Antwort, und so taten wir, was wir konnten, um diese Antwort zu ändern, und wir fanden schließlich auch Wege, sie wirksam zu ändern!

Seit Beginn des jüdischen Jahres 5763 (Anfang September 2002) kann die Union progressiver Juden von dieser Entschlusskraft und Professionalität profitieren. Seitdem arbeitet ein ehemaliger Mitstreiter von Uri Regev in der israelischen Reformbewegung, der Medienberater Shmuel Bahagon, als hauptberuflicher Generalsekretär daran, die liberalen Juden in Deutschland besser in der jüdischen Öffentlichkeit zu verankern und ihnen in Politik und Gesellschaft Anerkennung zuteil werden zu lassen.

Gescher – eine Chavura im Süden

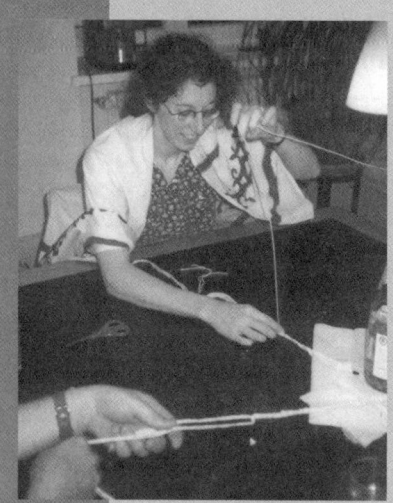

Wie werden Schaufäden geflochten? Was gehört zu einem Tallit (Gebetsschal)? Ein Workshop der Egalitären Chavura Gescher Freiburg.
Foto: privat.

„Gescher" ist das hebräische Wort für Brücke. „Chavura" kommt vom hebräischen „Chaver", auf deutsch: Freund, Kamerad, Genosse. Eine Chavura ist eine Gruppe von Freunden, die sich regelmäßig zum Torastudium und zu Gottesdiensten trifft, meist ganz informell, ohne Satzung und Vereinsstruktur.

Seit 1998 existiert die Chavura Gescher in Freiburg. Rund 25 Personen schlossen sich damals zusammen, weil sie im Südbadischen eine Alternative wollten zu den Angeboten der Einheitsgemeinden, vor allem zu denen der orthodox geführten Israelitischen Gemeinde Freiburg. Die Chavura sollte egalitär sein, ein Minjan (Mindestgruppe für das gemeinsame Gebet) sollte zehn Menschen zählen und nicht nur zehn Männer, und Gottesdienste wollte man weitgehend selbst vorbereiten. Gottesdienst sollte zugleich eine persönliche Auseinandersetzung mit dem Judentum sein. Der Namen „Gescher" wurde gewählt, weil der Wunsch bestand, zwischen Tradition und Moderne Brücken zu bauen, vor allem für jene, die sich im orthodoxen Gottesdienst und seiner Lehre fremd fühlen. Die individuelle religiöse Orientierung ist dabei durchaus verschieden. Einige verstehen sich als liberal, andere als konservativ im Sinne des amerikanischen Conservative Movement's. Solche Unterschiede werden aber nicht als trennend, sondern eher als Bereicherung empfunden.

Hoffnungen, in der Freiburger Synagoge Gastrecht gewährt zu bekommen, zerschlugen sich. Der örtliche Rabbiner hatte dafür eine knappe Antwort, so berichtet die Lokalausgabe der *Badischen Zeitung* am 5. Januar 2002: „Wir haben einen einzigen Gott, einen einzigen Gottesdienst." Er wittere die Gefahr der Spaltung. Gescher trifft sich deshalb weiterhin in Privaträumen zum monatlichen Kabbalat Schabbat und zu den Fest- und Feiertagen. Während sich die Freiburger Gemeinde nicht-orthodoxen Glaubensgenossen gegenüber spröde zeigt, hat sich ein enges Verhältnis zur Baseler OFEK entwickelt. Dieser egalitäre Verein hat zur dortigen Einheitsgemeinde immerhin ein tragfähiges Kooperationsverhältnis gefunden. Gescher-Mitglieder fahren einmal im Monat zu einem Gottesdienst oder Schiur nach Basel, und OFEK-Mitglieder nehmen regelmäßig am Schabbateingangs-Gottesdienst in Freiburg teil. Einige von Gescher sind auch bei OFEK Mitglied.

Die egalitäre jüdische Chavura Freiburg Gescher ist per E-Mail (chk-fr@t-online.de) und telefonisch zu erreichen: 0761/7075733. Eine Webseite ist in Vorbereitung.

NEUES URTEIL, NEUE RECHTSLAGE

Jahrzehntelang konnten Bund und Länder davon ausgehen, dass die jüdische Gemeinschaft durch die Landesverbände der jüdischen Gemeinden und den Zentralrat der Juden in Deutschland ausreichend repräsentiert werden. Dabei konnten sie sich auf die Tradition des – einst als Fremdenrecht staatlich verordneten – Prinzips der Einheitsgemeinde verlassen. Danach gehört jeder Jude zu seiner örtlichen jüdischen Gemeinde. Er zahlt an sie seine Kultussteuer, unabhängig von der religiösen Richtung, der er sich persönlich verbunden fühlt. Anders als bei den Christen, wo auch kleinere Freikirchen Körperschaftsstatus haben, werden Juden bislang rechtlich nicht nach Denominationen unterschieden.

Dieses Prinzip beginnt allerdings brüchig zu werden. Zum ersten Mal nach 1945 wurde es durchbrochen durch eine Entscheidung des Bundesverwaltungsgerichts von 1997. Damals ging es um die Frage, ob der 1986 in Ost-Berlin wiedergegründeten orthodoxen Gemeinde Adass Jisroel der Status der Körperschaft des Öffentlichen Rechts rechtmäßig zusteht. Die vormalige Regierung der DDR hatte am 18. Dezember 1989 so entschieden, obwohl die DDR diese Rechtsform der Selbstverwaltung in ihrer Verfassung vom 6. April 1968 nicht mehr vorsah. Der preußische Staat aber hatte Adass Jisroel bereits 1885 den Status einer Austrittsgemeinde – gemeint ist der Austritt aus der

Ursprünglich Mitteilungsblatt der Jüdisch-Liberalen Gemeinde Wien Or Chadasch, ist *Keschet* (hebr. für Regenbogen) seit Herbst 2000 auch das Informationsorgan der Union progressiver Juden in Deutschland, Österreich und der Schweiz.

Einheitsgemeinde – zugebilligt und ihr damals das Körperschaftsrecht verliehen. Niemand sollte gezwungen werden, aus dem Judentum auszutreten, nur weil er wegen religiöser Bedenken einer bestimmten Religionsgemeinde nicht angehören möchte. Weil dieser Status also schon vor der Einführung der Weimarer Verfassung bestanden habe, meinte das Gericht, sei er „aufgrund des geltenden gesamtdeutschen Verfassungsrechts" auch weiterhin gegeben.

In einem Urteil vom 28. Februar 2002 geht das Bundesverwaltungsgericht noch einen erheblichen Schritt weiter. Erstmals relativiert es den traditionellen Status der Jüdischen Gemeinden als Selbstverwaltungskörperschaften aller am Ort lebenden Juden. Es geht von einer religiösen Konfessionalisierung im

Judentum aus: Die drücke sich nicht nur darin aus, dass sich von den Einheitsgemeinden unabhängige Religionsgemeinden gründeten, sondern dass die sich in relevanter Weise national und international zusammenschlössen und kooperierten.

Grundlage dafür ist ein Rechtsstreit zwischen der religiös liberalen Synagogengemeinde zu Halle und dem Landesverband der Jüdischen Gemeinden in Sachsen-Anhalt. Es geht um Geld – genauer: um finanzielle staatliche Zuwendungen. In einem Staatsvertrag gewährt das Land Sachsen-Anhalt der „Jüdischen Gemeinschaft" bestimmte Leistungen. Diese Jüdische Gemeinschaft ist dabei nicht näher definiert. Die Synagogengemeinde zu Halle ist aber nicht nur die zweite jüdische Gemeinde am Ort, sie ist auch weder Mitglied des Landesverbandes der jüdischen Gemeinden noch des Zentralrats der Juden. Und sie ist zugleich keine Körperschaft des öffentlichen Rechts, sondern ein eingetragener Verein. Aber dafür gehört sie zur Union progressiver Juden in Deutschland, Österreich und der Schweiz und damit zum weltweit größten Zusammenschluss von Synagogengemeinden, nämlich der World Union for Progressive Judaism.

Das Bundesverwaltungsgericht entschied deshalb, dass dem Begriff „Jüdische Gemeinschaft" ein „erweitertes, gewissermaßen ‚plurales' Verständnis zugrunde" liege, „das alle im Judentum vorhandene Grundrichtungen einbezieht und das üblicherweise gemeint ist, wenn von ‚Jüdischer Gemeinschaft' die Rede ist." Der Landesverband in Sachsen-Anhalt und die Einheitsgemeinden dort, so das Gericht, könnten das für sich nicht allein in Anspruch nehmen, denn sie sind – wie die meisten anderen in Deutschland auch – orthodox geprägt.

Zunächst liefert dieses Urteil nur eine Grundlage für die Interpretation des Staatsvertrages von Sachsen-Anhalt. Dort muss jetzt das Magdeburger Oberverwaltungsgericht neu entscheiden. Aber das Bundesverwaltungsgericht hat einen neuen Aspekt in die rechtliche Bewertung eingeführt, und das kann weitreichende Folgen haben. Die bestehenden liberalen Gemeinden werden jetzt die Optionen prüfen, die sie in ihren Ländern haben. Sie könnten um Aufnahme in regionale Landesverbände ersuchen oder selbst welche gründen. Auch dafür gibt es bereits ein Vorbild.

Nach Konflikten innerhalb des Landesverbandes der Jüdischen Gemeinden von Niedersachsen K.d.ö.R. gründete sich 1998 ein Landesverband der Israelitischen Kultusgemeinden in Niedersachsen e.V. Seit 1999 wird er – neben dem bisherigen Landesverband – vom Land finanziell gefördert. Seine sieben Gemeinden sind alle nicht im Zentralrat der Juden organisiert, sondern gehören zur Union Progressiver Juden in Deutschland, Österreich und der Schweiz. Dieser neue Landesverband ist ebenfalls am Aufnahmeverfahren von jüdischen Emigrantinnen und Emigranten aus der ehemaligen UdSSR beteiligt und berechtigt, Zugehörigkeitsbescheinigungen auszustellen.

NEUE SYNAGOGE
AUF ALTEN FUNDAMENTEN

Mehr als 90 Prozent der Mitglieder der Jüdischen Gemeinde Hameln kommen aus der ehemaligen

Sowjetunion. Die meisten der rund 200 Mitglieder haben nur wenig Geld zur Verfügung, viele müssen sogar mit Sozialhilfe zurechtkommen. Erst 1997 konstituierte sich hier wieder eine Gemeinde als ein eingetragener Verein. Die erste Zeit genoss sie Gastrecht in Räumen der Katholischen St. Elisabethkirche, dann richtete sie sich ein kleines Gemeindezentrum im zweiten Stock einer Geschäftsetage ein. Ein Synagogengebäude stand nicht zur Verfügung. Das alte wurde 1938 in der Reichspogromnacht von den Nazihorden niedergebrannt, und mehr als fünfzig Jahre lang schien es so, als ob die Geschichte der Juden in Hameln damit abgeschlossen sei.

Diese kleine junge Gemeinde hat sich für die nahe Zukunft ein großes Ziel gesetzt: Aus den Grundmauern der früheren Synagoge soll sich eine neue erheben. Das Grundstück in der Hamelner Bürenstraße existiert noch, es ist nach dem Brand auch unbebaut geblieben. Mit Hilfe von Spenden wurde es der Stadt für genau den Preis wieder abgekauft, den die einst für die Übernahme von Grund und Boden an die Jewish Trust Corporation for Germany entrichtet hat. Seit dem 1. Januar 2001 steht jetzt wieder eine Jüdische Gemeinde im Grundbuch. Am 20. September 2002 zu Beginn von Sukkot (Laubhüttenfest), knapp 64 Jahre nach der Pogromnacht, nimmt die neue Gemeinde das Grundstück jetzt auch symbolisch in Besitz. Nachbarn und Freunde, darunter auch die Mitglieder der Hamelner Christlich-Jüdischen Gesellschaft feiern das Ereignis gemeinsam in der Sukka (Laubhütte). Damit nimmt sie den Faden der Geschichte an diesem Ort wieder auf.

Die Pläne für den Synagogenbau sind zum Teil schon fertig. Rachel Dohme, die Vorsitzende der Jüdischen

Die Synagoge Hamelns bis zum Novemberpogrom 1938.
Quelle: Jüdische Gemeinde Hameln.

Gemeinde Hameln, ist zuversichtlich: „Jetzt müssen wir nur noch das Geld dafür sammeln. Zwei Millionen Euro werden wir sicher brauchen." Drei Stockwerke und einen Keller soll das künftige Gemeindezentrum haben. Die moderne Architektur will die alte nicht wiederholen, aber sie soll vorsichtig an die alte erinnern und deren Türme im Bau zitieren. Neben dem Gebetsraum soll es auf den verschiedenen Etagen einen kleinen Laden für Geschenke geben, auch an ein Café ist gedacht, und der Keller soll eine Werkstatt und einen kleinen Festsaal enthalten. Auf den oberen Etagen sind Unterrichtsräume und Gästezimmer vorgesehen, das Büro der Christlich-Jüdischen Gesellschaft und ein Museum der Toleranz. Dieses Museum soll neben einer Bibliothek und wechselnden Exponaten auch eine Dauerausstellung zur Geschichte der

Die neue Reformsynagoge in Hameln wird auf den Grundfesten der alten Synagoge aufbauen.
Quelle: Jüdische Gemeinde Hameln.

Juden in Hameln beherbergen. Nach und nach werden dort die Geschichten zur jüdischen Vergangenheit in Hameln ergänzt werden um die mitgebrachten Biographien, Erinnerungen und Geschichten aus Deutschland, der ehemaligen Sowjetunion und den USA. Schließlich wird die Entwicklung der neuen Gemeinde Eingang finden – und die Tatsache, dass diese Jüdische Gemeinde die erste dezidiert liberale sein wird, die nach 1945 in Deutschland wieder ein Bethaus errichtet.

Zur Geschichte Hamelns gehört übrigens neben dem Rattenfänger auch die einer einfachen jüdischen Frau aus Hamburg. Sie ist weltweit unter Juden bekannt geworden durch ein Tagebuch, das in volkstümlichem Jiddisch das jüdische Leben in Deutschland während

Rachel Dohme von der Jüdischen Gemeinde Hameln und Rabbinerin Jo David von der New Yorker Jewish Appleseed Foundation stellen eine englischsprachige Broschüre über die liberalen Gemeinden in Deutschland vor. Foto: privat.

des späten 17. und frühen 18. Jahrhunderts schildert: die *Denkwürdigkeiten der Glückel von Hameln*. Ungefähr ein Jahr lang hat Glückel nach ihrer Hochzeit mit dem Hamelner Chaijm Hameln tatsächlich in dieser Stadt gelebt. Später ist sie mit ihrem Mann nach Hamburg gezogen, in ihre Heimat. Den Namen hat sie mitgenommen. Ihr Tagebuch hat nicht nur sie, sondern auch die Stadt weltweit bekannt gemacht. Sobald ihre Synagoge steht, will die Gemeinde gemeinsam mit dem Fremdenverkehrsverein eine Broschüre erstellen und jüdische Touristen aus Nordamerika auf die Spuren der Glückel setzen.

Unterstützt bei diesen ambitionierten Vorhaben wird sie von einer amerikanischen Stiftung, der Jewish Appleseed Foundation aus New York. Auf der Suche nach Partnern hat Rachel Dohme diese gemeinnützige Stiftung im Internet entdeckt. Sie hat sich die Aufgabe gestellt, kleinen und finanziell schwachen liberalen Gemeinden ein Know-how zu vermitteln, mit dem sie sich aus eigener Kraft behaupten können. Dafür sammelt sie nicht nur Spenden, sondern versucht auch vor Ort spirituelle Erlebnisse zu er-

Neil Yerman ist ein Sofer – ein Toraschreiber aus New York. Er erstellt Torarollen für jüdische Gemeinden, die der Reformbewegung oder dem konservativen Judentum angehören. Torarollen werden vom ersten bis zum letzten Buchstaben mit der Hand geschrieben. Hier demonstriert er, wie das geschieht. Neil Yerman ist auch im Internet vertreten: www.neilyerman.com
Foto: Gundula M.Tegtmeyer.

möglichen und jüdisches Wissen zu vermitteln. So entsandte die Geschäftsführerin der Jewish Appleseed Foundation, Rabbinerin Jo David, für einen Monat einen Rabbiner aus Amerika nach Hameln. Noch bevor der niedersächsische Landesverband der progressiven Gemeinden in der Lage war, in Zusammenarbeit mit dem Londoner Leo-Baeck-College eine regelmäßige Betreuung durch einen Rabbiner bzw. eine Rabbinerin zu gewährleisten, feierte er hier Schabbatgottesdienste, gab Religionsunterricht und führte Namensgebungsfeiern durch. Zu einem unvergesslichen Ereignis wurde auch der Besuch des Sofer (Tora-Schreiber) Neil Yerman. Niemand in der Gemeinde hatte zuvor gesehen, wie eine Tora geschrieben wird, wie Fehler repariert werden und wie die verschiedenen Teile zu einer Rolle zusammen genäht werden. Nun hat er sich sogar vorgenommen, für Hameln eine eigene Sefer Tora (Torarolle) zu schreiben und dafür einen Stil zu erfinden, der für Kenner unübersehbar auf diesen Ort verweisen wird. Bei Reisen durch Reformgemeinden in den USA werden Besucher seiner Demonstrationen, Buchstaben, Wörter, Sätze und Absätze sponsern können. Der Erlös soll schließlich in den Bau der neuen Synagoge fließen.

NEUE VITALITÄT
IN JUNGEN GEMEINDEN

Die Jüdische Gemeinde Göttingen – seit dem Spätsommer auch Mitglied der Union progressiver Juden – ist einer eigenen Synagoge schon ein gutes Stück näher gekommen. Auf einem Gelände am Rande der Altstadt wird bereits gearbeitet: Ein ehemaliges evangelisches Pfarrhaus mit Fachwerk aus dem Jahre 1777 wird restauriert und umgebaut. Im späten Frühjahr 2003 soll alles fertig sein. In einem der darauffolgenden Jahre soll im Garten der Gemeinde noch eine ehemalige Dorfsynagoge aus Bodenfelde aufgestellt werden, die zuletzt nur noch als Lager genutzt wurde.
Auch die Bewegung für progressives Judentum Or Chadasch Wien wird bald in eine eigene Synagoge

umziehen können. Das Gebäude stellt die Israelitische Kultusgemeinde Wien zur Verfügung. Für Renovierung und Unterhalt muss Or Chadasch selber sorgen. Pläne für ein eigenes Synagogengebäude gibt es auch bei der Liberalen Jüdischen Gemeinde in Hannover. Sie hat bereits die Stiftung zur Gründung einer Reformsynagoge in Hannover etabliert und auch schon ein konkretes Objekt ins Auge gefasst.

Aber gebaut wurde und wird auch anderenorts. Jüdische Gemeinden jeder Couleur bauen wieder in Deutschland, gerade auch die großen Einheitsgemeinden. Die Jüdische Gemeinde Mülheim-Ruhr-Duisburg-Oberhausen eröffnete Ende Mai 1999 im Bereich des Duisburger Binnenhafens ihre neue Synagoge. Am 9. November 2001, dem 63. Jahrestag des Novemberpogroms, konnte in Dresden eine neue imposante Synagoge eingeweiht werden, übrigens mit einer Orgel. Die orthodox geprägte Israelitische Kultusgemeinde München wird ihr Jüdisches Zentrum Jakobsplatz voraussichtlich im Laufe des Jahres 2005 fertig stellen. Und der Synagogengemeinde zu Köln fehlen – so steht auf deren Webseite – nur noch rund 4 Millionen Euro, bevor ein neues Wohlfahrtszentrum in Köln-Ehrenfeld realisiert werden könne. Aber auch dort wurden erste Spatenstiche schon unternommen. Diese Großgemeinden profitieren allerdings von der Kultussteuer, die allen offiziell registrierten Juden am Ort vom Einkommen abgezogen wird. Außerdem erfreuen sie sich noch besonderer Unterstützung durch die öffentliche Hand. Gemeinden, die nicht zu dieser nach 1945 entstandenen Struktur gehören, können davon nur träumen. Außer in Niedersachsen, wo den progressiven Gemeinden über einen anerkannten

Landesverband auch Mittel aus dem Landeshaushalt

zufließen, müssen sie sich vollständig selbst finanzieren.
Die Kölner Liberale Gemeinde
Gescher Lamassoret blickte
trotz allem schon vor Jahren
zuversichtlich in die Zukunft.
Damals hatte sie noch nicht
einmal ihr Gemeindezentrum
unter der Kreuzkapelle.
Dennoch pflanzte sie im
Februar 1998 zum Anlass von
Tu BiSchwat (Neujahrsfest
der Bäume) im Kölner Volksgarten eine Buche. Und wer
einen Baum pflanzt, der
signalisiert, dass er nicht nur
bleiben, sondern auch selber
Wurzeln schlagen will. Heute
ist diese Buche bereits ein
kräftiger junger Baum. Gescher
Lamassoret will noch etwas

Zum jüdischen Neujahrsfest der Bäume (Tu
BiSchwat) pflanzen Mitglieder der Jüdischen
Liberalen Gemeinde Köln Gescher Lamassoret
im Kölner Volksgarten einen Baum.
Foto: privat.

professioneller und effektiver werden, um die Liberal-
Religiösen unter den bald 5000 Juden der rheinischen
Metropole zu erreichen. Beraten wird sie dabei von der
Jewish Appleseed Foundation.
Alle Gemeinden der Union progressiver Juden werden
heute auch durch Rabbiner betreut. Walter Rothschild
– ursprünglich aus dem englischen Leeds, heute in
Berlin – ist regelmäßig alle zwei Wochen bei Beth
Shalom in München. Außerdem betreut er Köln und
Bad Segeberg. Von 1998 bis Ende 2000 war er liberaler
Gemeinderabbiner von Berlin, bis er beim damaligen
Gemeindevorsitzenden Andreas Nachama aus persön-
lichen Gründen in Ungnade fiel. Die Israelin Irit Shillor

Rabbiner Walter Rothschild. Foto: Margrit Schmidt, Berlin.

Rabbinerin Irit Shillor. Foto: privat.

Rabbiner Edward van Voolen. Foto: privat.

amtiert als Rabbinerin in Bad Pyrmont, Gudensberg, Hameln, Hildesheim und – gemeinsam mit Walter Homolka – in Wien. Und die beiden Unionsgemeinden in Göttingen und Hannover sind mit dem Leiter des Jüdischen Historischen Museums Amsterdam, Rabbiner Edward van Voolen, im Gespräch. Er war für einige Jahre auch Rabbiner von Beth Shalom München und Gescher Lamassoret in Köln. Unterstützung erhalten sie durch Rabbinerstudenten vom Potsdamer Abraham Geiger Kolleg.

In allen Gemeinden der Union progressiver Juden herrscht heute ein reges Gemeindeleben. Die meisten unterhalten mindestens ein kleines Gemeindezentrum. Schabbatgottesdienste werden – je nach Größe der Gemeinde – unterschiedlich häufig angeboten. Manche feiern vor allem den Schabbatbeginn (Kabbalat Schabbat) am Freitagabend, andere eher den Samstagmorgen (Schacharit Schabbat). Alle feiern die Pilgerfeste, und je nach den örtlichen Möglichkeiten gibt es nicht nur Bar oder Bat Mitzwa-Kurse und Religionsunterricht, sondern auch Angebote zum Hebräischlernen und zur Verbesserung der Deutschkenntnisse für die Zugewanderten.

Alle jüdischen Gemeinden in Deutschland – unabhängig von der Zuwanderung – haben das Problem, dass mehr und mehr ihrer Mitglieder ihre Lebens- und Ehepartner nicht unbedingt unter Juden suchen oder auch finden. Unter den jüdischen Kontingentflüchtlingen leben oft weit mehr als die Hälfte in gemischten Ehen. Orthodox geprägte Gemeinden tun sich schwer mit solchem Anhang und werden ihm signalisieren, dass seine Beteiligung am Gemeindeleben nicht erwünscht ist. In den liberalen Gemeinden dagegen sind nichtjüdische Partner ausdrücklich willkommen. Und wenn sie oder – bei einer nichtjüdischen Mutter – ihre Kinder aus eigenem Antrieb den Wunsch hegen, selber jüdisch zu werden, werden liberale Rabbiner und auch viele aus der konservativen Bewegung nach einer längeren Zeit der Teilnahme am Gemeindeleben Konversionskurse kaum verweigern.

NEUE INITIATIVEN FÜR JUNGE JUDEN

„Also, ich hab' alles auf Machane gelernt. Deswegen weiß ich jetzt auch 'ne ganze Menge." Katja ist 14. Sie wurde in Russland geboren und ist vor einigen Jahren mit ihren Eltern nach Deutschland eingewandert. Heute lebt sie in Mönchengladbach. Die Religion hat in ihrer Familie früher keine Rolle gespielt. Erst hier in Deutschland hat Jüdischsein eine positive Bedeutung gewonnen. Aber Katjas Familie kann dazu nicht viel beitragen: „Mein Vater ist nicht Jude, aber meine Mutter, und die weiß überhaupt nicht darüber

Bescheid; die muss mich immer ausfragen, wenn ich vom Machane komme." Sie sagt das mit einem gewissen Stolz.

Seit einigen Jahren lädt die Union progressiver Juden Kinder und Jugendliche jeweils im Sommer und im Winter zu Ferienlagern in ein Schullandheim oder eine Jugendherberge ein. Zuständig dafür ist die Liberale Jüdische Gemeinde Hannover. Zu Anfang war das eine Notlösung, denn auch die Zentralwohlfahrtsstelle der Juden in Deutschland in Frankfurt am Main bietet solche Machanot an und verfügt eigentlich auch über viel bessere Voraussetzungen. Eltern aus liberalen Gemeinden mussten allerdings erleben, dass ihre Sprösslinge dort nicht zugelassen wurden. Die ZWST fühlt sich nur für Einheitsgemeinden zuständig.

Malen ist nur eine von vielen Aktivitäten während eines Machanes. Foto: privat.

Mittlerweile sind diese Machanot zum festen Bestandteil des Jahresprogramms der Union geworden. Die Kinder kommen überwiegend, aber nicht nur aus Unionsgemeinden. Auch Eltern aus Einheitsgemeinden melden ihren Nachwuchs an. Hier soll er im Rahmen der Ferien spielerisch religiöses Wissen erwerben und die Erfahrung von Gemeinschaft mit anderen jüdischen Kindern machen. Dazu gehören u.a. das Backen von Challa (Schabbatbrot), die gemeinsam vorbereiteten Schabbatfeiern, das Ritualisieren von Gebeten zu

bestimmten Anlässen, das Lernen von Liedern und Tän-
zen und natürlich die Auseinandersetzung mit Texten
aus der Tora.

Für jene, die über das Kinder- und Jugendalter hinaus
sind, hat sich aus Aktivitäten in Köln und Hannover
ein weiteres Jugendprojekt selbst organisiert: Jung und

Noch einmal winken –
Das Sommer-Machane
2001 in Torfhaus geht
zuende.
Foto: privat.

Jüdisch Deutschland. Zielgruppe sind junge Erwachsene: „interessierte jüdische Leute zwischen 18 und 35
aus ganz Deutschland von orthodox bis liberal". Sie
wollen miteinander lernen, Gottesdienste halten und
feiern. Auch dieses Mal kommt die Initiative zunächst
aus der Liberalen Jüdischen Gemeinde der niedersächsischen Landeshauptstadt: Dort treffen sich im
November 2001 erstmals 40 junge Leute aus ganz
Deutschland. Ein halbes Jahr später in Köln (10.-12.
Mai 2002) sind es bereits 75. Die Teilnehmerstatistik für
Köln weist die Hälfte von ihnen als Mitglieder von progressiven Gemeinden aus, ein Viertel stammt aus
Einheitsgemeinden und ein weiteres Viertel steht zur
Zeit in keiner Gemeinde auf der Mitgliederliste.
Jung und Jüdisch Deutschland wird sich wohl auf
absehbare Zeit nicht als ein Jugendverband organisie-
ren. In Köln verständigten sich die Teilnehmer darauf,
den Charakter einer offenen Bewegung zu wahren, die

161

Jung und Jüdisch Deutschland – ein pluralistisches Jugendprojekt wird von einem Organisationsteam geführt. V.l.n.r. (hinten) Johanna Vollhardt, Benjamin H., Lena Gorelik und Tim Bonin, (vorne) Peter Glück, Sera Markoff, Gregor Wettberg und Lew Chtimmer.
Foto: privat.

Juden aller Richtungen ansprechen will. Steuerungszentrum soll ein Trägerverein sein, dem nur Leute angehören können, die nach halachischen Maßstäben (Kinder einer jüdischen Mutter oder vor einem Bet Din – einem Rabbinergericht – zum Judentum Konvertierte) jüdisch sind. An der im Innenverhältnis gleichberechtigten Organisationsgruppe sollen sich aber auch junge Leute beteiligen dürfen, die „nur" einen jüdischen Vater haben. Zu den Treffen sind darüber hinaus auch Menschen eingeladen, die sich nachweislich in einem Konversionsprozess zum Judentum befinden. In der Liberalen Jüdischen Gemeinde Hannover hat sich mit Jung und Jüdisch Hannover bereits ein regionaler Ableger gebildet.

Neue Rabbiner für ein erneuertes Judentum

Die Dynamik, die durch die Zuwanderung von Juden aus der ehemaligen Sowjetunion in die Gemeinden gekommen ist, birgt neue Chancen. Damit sie auch zum Tragen kommen, müssen aber strukturelle Schwächen des Judentums in Deutschland behoben werden. Das größte Problem ist der Mangel an Rabbinern.

Die 1979 vom Zentralrat der Juden in Deutschland etablierte Hochschule für jüdische Studien in Heidelberg hatte von Anfang an den Anspruch, „auf alle beruflichen Tätigkeiten der jüdischen Gemeinschaft" vorzubereiten. Es gibt auch einige Absolventen in der Geschichte der Hochschule, die später in jüdischen Gemeinden tätig wurden. Aber es sind nur wenige. Stattdessen sind 1989 rund 80% der Studierenden dort Nichtjuden. Für den Initiator der Hochschule, den damaligen Heidelberger Rabbiner Nathan Peter Levinson, wurde damit die Gründungsidee verspielt. Er fordert deshalb 1994 in der

Das Abraham Geiger Kolleg wirbt für ein Rabbinerstudium in Potsdam.
Foto: Abraham Geiger Kolleg.

163

Allgemeinen Jüdischen Wochenzeitung, die Heidelberger Hochschule zu schließen und in Berlin als eine echte wissenschaftliche Ausbildungsstätte wieder zu eröffnen. Zwei Jahre später wiederholt er diese Kritik in einem eigenen Kapitel seiner Autobiografie.

Anfang April 1996 schlägt Walter Homolka bei einer Tagung in Berlin vor, in den ehemaligen Räumen (1907-1942) der Hochschule für die Wissenschaft des Judentums eine Dependance des Londoner Leo-Baeck-Colleges einzurichten. Er ist zu dieser Zeit Vorsitzender der Leo-Baeck-Gesellschaft zur Förderung der Wissenschaft des Judentums. Tatsächlich wird dieses historische Gebäude aber 1999 der neue Sitz des Zentralrats der Juden in Deutschland. Rabbinerausbildung wird für die Vertretung der Einheitsgemeinden erst wirklich ein Thema, als die Union progressiver Juden im Sommer 1999 die Gründung eines Abraham Geiger Kollegs bekannt gibt, das künftig – in Kooperation mit der Universität Potsdam – Rabbiner ausbilden soll. Die Initiative dazu kommt übrigens auch dieses Mal wieder von Walter Homolka. Aber auch das bleibt für Heidelberg zunächst ohne Folgen. Im Gegenteil: Der Vorsitzende des Kuratoriums der Heidelberger Hochschule, Michael Fürst, findet am 14. Oktober 1999 in einem Interview mit der *Allgemeinen Jüdischen Wochenzeitung* die Idee überhaupt abwegig, in Deutschland Rabbiner auszubilden: „An der Hochschule für Jüdische Studien in Heidelberg wird es keine Rabbinerausbildung geben. Dazu hat die Hochschule gar keine fachliche Kompetenz."

ABRAHAM GEIGER KOLLEG

Das Abraham Geiger Kolleg ist das jüngste, am meisten ambitionierte und für die Zukunft wohl wichtigste Projekt einer Renaissance des liberalen Judentums in Deutschland und in großen Teilen Europas. Dass es am 12. November 2000 im Nikolaisaal der Stadt Potsdam feierlich und unter großer öffentlicher Anteilnahme eröffnet werden kann, ist nicht zuletzt ein Verdienst seines Präsidenten Rabbiner Walter Jacob. Deutschland neben Großbritannien wieder zu einem Zentrum für die Entwicklung des liberalen Judentums in Europa zu machen, ist dem angesehenen Reformrabbiner auch ein persönliches Anliegen. Es ist wohl der Höhepunkt seines Engagements in Deutschland seit Mitte der neunziger Jahre. Er organisiert heute nicht nur finanzielle Unterstützung in Amerika für die nichtuniversitären Studienprogramme des Kollegs, sondern beteiligt sich auch ganz praktisch mit Blockseminaren zur Progressiven Halacha an den Lehrveranstaltungen von Rabbinerseminar und Universität.

Die Eröffnungsfeier enthielt sogleich eine Botschaft an die nichtjüdische Öffentlichkeit: Das liberale Judentum ist am Austausch mit der Gesellschaft und den anderen Religionsgemeinschaften interessiert. Der Religionsphilosophin und Professorin am Dartmouth College von New Hampshire, Susannah Heschel, wird der Abraham-Geiger-Preis verliehen für ein Buch, das Geiger nicht nur als Nestor der Wissenschaft des

Judentums ausweist, sondern mehr noch, seinen im 19. Jahrhundert geleisteten Beitrag zum christlich-jüdischen Dialog würdigt und ins öffentliche Bewusstsein zurückruft: *Abraham Geiger and the Jewish Jesus.* Auf deutsch erscheint das Buch unter dem Titel *Der jüdische Jesus und das Christentum.*

Mit dem Wintersemester 2001/2002 hat für die ersten vier Rabbinerstudenten das Studium begonnen. Das Kolleg ist mittlerweile durch einen Kooperationsvertrag mit der Universität Potsdam als An-Institut verbunden. Grundlage dafür ist die Stiftungsprofessur „Religionswissenschaft mit dem Schwerpunkt rabbinische Studien", die vom Stiftungsfonds Deutsche Bank im Stifterverband für die Deutsche Wissenschaft fünf Jahre finanziert und danach in den Bestand der Professuren der Universität Potsdam übernommen werden soll. Das Kolleg erhält darüber hinaus Unterstützung aus Bundesmitteln und Spenden.

Basis und Voraussetzung für das Studium am Abraham Geiger Kolleg ist das zeitgleiche Studium der Judaistik und der Jüdischen Studien, vorzugsweise – aber nicht zwingend – in Potsdam. Das Universitätsprogramm wird um studienbegleitende Pflichtangebote ergänzt: Gemeindepraktika, Kompaktseminare und Fernlehrgänge zur theoretischen Reflexion und zu Fragen der theologischen Praxis, einschließlich der seelsorgerischen Arbeit. Ein Studienjahr verbringen Rabbinatsstudierende in Israel – koordiniert vom Kolleg. Der Magisterabschluss soll in Potsdam erworben werden. Auf die Magisterprüfung folgt die Rabbinerprüfung und schließlich die ordentliche Ordination. Das Studium ist auf fünf Jahre angelegt.

Das Abraham Geiger Kolleg wird von der World Union for progressive Judaism nicht nur als die progressive

Rabbiner-Ausbildungsstätte für Deutschland angesehen. Es ist jetzt vielmehr zuständig für Kontinentaleuropa (einschließlich der ehemaligen Sowjetunion) und Südafrika. Gründungsrektor ist Allen H. Podet, Professor für Jewish Studies an der Buffolo State University.

Ein halbes Jahr nach der Eröffnung des Abraham Geiger Kollegs hat auch die Hochschule für Jüdische Studien Voraussetzungen dafür geschaffen, einen Teil des Rabbinatsstudiums in Deutschland zu verbringen. Mit einem Festakt in Heidelberg weiht sie am 10. Mai 2001 den Ignatz-Bubis-Lehrstuhl für Religion, Geschichte und Kultur des europäischen Judentums ein. Er soll die Voraussetzungen für ein rabbinisches Grundstudium schaffen. Das Hauptstudium soll dann an einem liberalen, konservativen oder orthodoxen Rabbinerseminar absolviert werden. Vereinbarungen wurden nach Auskunft der Hochschule mit dem Beit Morasha College in Jerusalem (modern-orthodox), dem Schechter Institut in Jerusalem (konservativ) und – im Konsens mit dem Abraham Geiger Kolleg – dem liberalen Leo-Baeck-College in London getroffen. Allerdings bedeutet ein erfolgreich absolviertes Grundstudium in Heidelberg noch keine automatische Zulassung zu einem der Institute. Zuvor muss auch dort eine Aufnahmeprozedur bestanden werden. Mit dem Wintersemester 2001/2002 haben in Heidelberg erstmals drei Studierende Kurs auf das Rabbinerdiplom genommen.

Sechzig Jahre, nachdem die Nationalsozialisten die Hochschule für die Wissenschaft des Judentums geschlossen haben, stehen gleich zwei wissenschaftliche Ausbildungsstätten für Rabbiner zur Verfügung. Bedarf dafür dürfte vorhanden sein, denn auch den anderen Richtungen fehlt es an Rabbinern, die in

Deutschland zu Hause sind und eine solide wissenschaftliche Ausbildung haben, mit der sie vor ihren
Gemeinden und im Dialog mit der nichtjüdischen
Umwelt bestehen können. Ohne die Entschlossenheit
der progressiven Gemeinden, hier einen Studiengang
einzurichten, wäre es sicher noch nicht soweit.

NEUE NETZWERKE - PROJEKTE

Am Anfang waren die Jüdischen Runden Tische. Das
war um die Mitte der neunziger Jahre. Religiöse,
Fromme, Atheisten, Intellektuelle, Künstler, Funktionäre, überwiegend Vertreter von Generationen, die
nach der Schoa in Deutschland aufgewachsen waren,
trafen sich, um eine neue Lage zu erörtern: Nicht nur
Deutschland hatte sich durch die Wiedervereinigung
verändert, auch die Jüdischen Gemeinden waren nicht
mehr die gleichen. Sahen sie, Ende der achtziger Jahre
völlig überaltert, kaum noch eine Zukunft, kehrte nun
plötzlich wieder Leben ein, verbunden mit vielen Ver-
unsicherungen, Herausforderungen und Hoffnungen:
Was für ein jüdisches Leben würde das werden mit
Menschen, die in der großen Mehrzahl ihre Religion
kaum kennen, dafür aber sentimental an dem Fest-
kalender der untergegangenen Sowjetunion hingen?
(So irritiert werden auch die Jeckes in Israel und
Nordamerika empfangen worden sein, die der Kata-
strophe entronnen waren, aber von ihren deutschen
Jugend-, Fahrten- und Wanderliedern nicht lassen
konnten.) Die neuen Zuwanderer jedenfalls hofften in

jüdischen Gemeinden in einer für sie fremden Gesellschaft, Hilfe zu erfahren, Boden unter den Füßen zu gewinnen, Geselligkeit zu erleben, vielleicht auch eine neue religiöse Identität zu finden.

An den runden Tischen standen die Optionen für dieses neue jüdische Leben zur Debatte. Die wachsende Zahl jüdischer Menschen eröffnete Zukunftsperspektiven – auch für ein breiteres Spektrum der Religiosität. Differenzierung wurde möglich und damit auch Angebote an jene, die sich praktisch schon vom Judentum verabschiedet hatten. Die Konfessionalisierung ist eine unvermeidliche Konsequenz, auch wenn es sich dabei weniger um Bekenntnis-, sondern eher um Erkenntnisunterschiede handelt. Die langfristigen Folgen davon sind noch nicht abzusehen. „Spaltet die Religion die Juden? Wie viele Gesichter verträgt die jüdische Religion?", fragte sich im Dezember 2001 ein Kongress zur jüdischen Kultur im deutschen Sprachbereich. Man hätte auch fragen können, kann das Judentum seine Vielfalt ertragen und doch in wesentlichen Fragen mit einer Stimme sprechen? In der Debatte um Jürgen Möllemanns Wahlkampf mit antisemitischen Ressentiments stellten sich die liberalen Juden ohne Vorbehalte hinter den stellvertretenden Vorsitzenden des Zentralrates Michel Friedman.

Einige Projekte in diesem Prozess der Differenzierung halten sich allerdings nicht an die Grenzen von Denominationen und Gemeinden, sondern verstehen sich als offene Lern- und Meinungsbörsen des Judentums. Ein Beispiel ist Bet Debora, ein europäisches feministisches Projekt, das sich seit 1999 an Rabbinerinnen, Kantorinnen, rabbinisch gelehrte und interessierte Jüdinnen und Juden richtet. Gewünscht sind offene Debatten ohne die Hierarchien und

www.bet-debora.de
ist ein feministisches
jüdisches Netzwerk,
das alle zwei Jahre
Rabbinerinnen,
Kantorinnen, jüdische
Aktivistinnen und
Gelehrte zu einer
europäischen Tagung
zusammenruft.

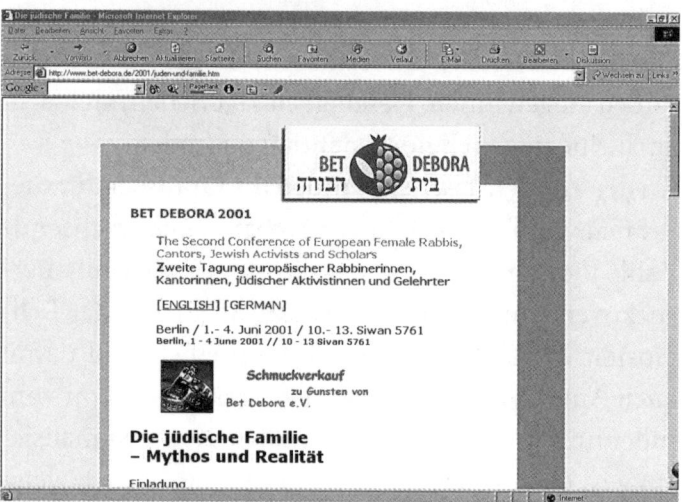

Konkurrenzkonstellationen von Verbands- und Gemeindestrukturen. Bislang haben dieses Angebot zur Diskussion und zum Austausch vor allem liberale und konservative Jüdinnen und Juden angenommen. 1999 ging es um das Selbstverständnis von aktiven Frauen in der jüdischen Gemeinschaft. 2001 standen die Erfahrungen von Frauen mit dem jüdischen Familienideal und Ideen, dieses Leitbild zu verändern, zur Debatte. Ziel der Initiatorinnen ist es, ein eigenes Lehrhaus zu gründen und damit zu einem „europäisch-jüdischen Frauennetzwerk" beizutragen. Der Schwerpunkt dieser Initiative liegt zwar nicht ausschließlich, aber eher bei der Religion bzw. der religiösen Kultur. Pragmatischer angelegt ist der Gründungskongress für ein Netzwerk jüdischer Frauen in Wirtschaft, Wissenschaft, Medien und Institutionen Mitte Oktober 2002 in Berlin. Dort geht es um Identitäten, Austausch, Ressourcenbildung und Nachwuchsförderung.

Einen Kongress des religiösen Lernens hat sich der Baseler Verein Ofek vorgenommen. Vorbild dafür ist ein britisch-europäisches Projekt, die Bewegung Limmud (Lernen, Studium). Es begann 1980 mit rund 80 Teilnehmern im mittlerweile geschlossenen Carmel-College (Wallingford, Oxfordshire). Heute kommen allein zur Hauptkonferenz Ende Dezember alljährlich ca. 2000 Menschen in Nottingham zusammen, um aus unterschiedlichsten Blickwinkeln heraus Tora zu lernen. Gemeindemitgliedschaft oder Zugehörigkeit zu einer religiösen Strömung sind irrelevant, nicht nur für die Teilnehmer. Auch die Rabbiner kommen aus allen Denominationen. Ofek hat zusammen mit der Israelitischen Gemeinde Basel diese Idee im Juni 2001 aufgegriffen und zu einem ersten Lerntag Jom Ijun (Studientag) eingeladen. Die Zukunftsvision ist, daraus ein Treffen für die deutschsprachigen Länder werden zu lassen, bei dem die ganze Vielfalt des Judentums erlebbar ist.

NEUE NETZWERKE - MEDIEN

Lange Zeit gab es Informationen zum jüdischen Leben im deutschsprachigen Raum allein über die örtlichen Gemeindeblätter oder über die wenigen überregionalen Zeitungen, wie die früher wöchentlich, jetzt zweimal im Monat erscheinende *Allgemeine Jüdische Wochenzeitung* (seit Januar 2002 *Jüdische Allgemeine*, herausgegeben vom Zentralrat der Juden in Deutschland) und die unabhängige Wochenzeitung *Jüdische Rundschau* aus der Schweiz (seit Januar 2001 *tachles – Das jüdische Wochenmagazin*). Seit 2000 versucht auch die Zeitung der deutschstämmigen Juden in Amerika

AUFBAU –
The Transatlantic Jewish Newspaper

Der AUFBAU hat eine in vielerlei Hinsicht bedeutende Geschichte als Forum der deutsch-jüdischen Emigration in den USA, als „Blatt für die Amerikanisierung der Immigranten" und als Fürsprecher für die Opfer des Holocaust. Am 1. Dezember 1934 erschien der AUFBAU zum ersten Mal in New York. Seit Beginn des Jahres 2002 ist er mit einem Redaktionsbüro auch in Berlin vertreten.

Die Bedeutung des AUFBAU als Forum der Emigration in den USA ist unbestritten: die Zeitung war sprachliche und kulturelle Heimat für viele Intellektuelle und Schriftsteller in der Fremde und bot jüdischen und nicht-jüdischen Emigranten Hilfe bei der Bewältigung alltäglicher Probleme des Exils.

Die Stärke des AUFBAU liegt seit jeher in der von ihm verfolgten Mittellinie: Vor, während und nach dem Zweiten Weltkrieg verfolgte die Zeitung das Ziel, gleichzeitig ein Sprachrohr der amerikanisierungswilligen, aus Deutschland geflohenen Juden und Vermittler zwischen Judentum, Deutschland und Amerika zu sein. Im AUFBAU veröffentlichten Schriftsteller wie Thomas Mann und Lion Feuchtwanger, die Philosophin Hannah Arendt, der Politiker Nahum Goldmann und der Rabbiner Max Nussbaum. Bis heute gibt es jüdische und nicht-jüdische Mitarbeiter und Unterstützer des AUFBAU: die englisch- und deutschsprachigen Beiträge kommen aus den USA, aus Deutschland und anderen Teilen Europas sowie aus Israel.

Seit dem 16. Mai 2002 erscheint der AUFBAU in neuem Gewand, mit neuem Layout, zweisprachig deutsch und englisch und mit dem Untertitel 'The Transatlantic Jewish Newspaper'. Mit seinem Relaunch stellt sich der AUFBAU neuen Herausforderungen. Ohne die Tradition des Blattes und die Geschichte ihrer Macher und Leser aus den Augen zu verlieren, wendet sie sich neben "jüdischen" Themen den globalen Themen des 21. Jahrhunderts zu. Dazu gehören Einwanderung und Integration ebenso wie Ökologie, Politik, Arbeit und Freizeit.

1934 von jüdischen Auswanderern in New York gegründet, eröffnete der AUFBAU 2002 ein Redaktionsbüro in Berlin. Es will ein Dialogorgan werden zwischen den Juden der „alten" und der „neuen" Welt.

Aufbau - Berliner Büro

ab 1.3.2003: Bellermannstr. 25, 13357 Berlin

030/493.079.90

irene.armbruster@aufbauonline.com - www.aufbauonline.com

Quelle: *Verlagsprospekt*

hagalil.com -
Ein Zeichen für jüdisches Leben
in Deutschland

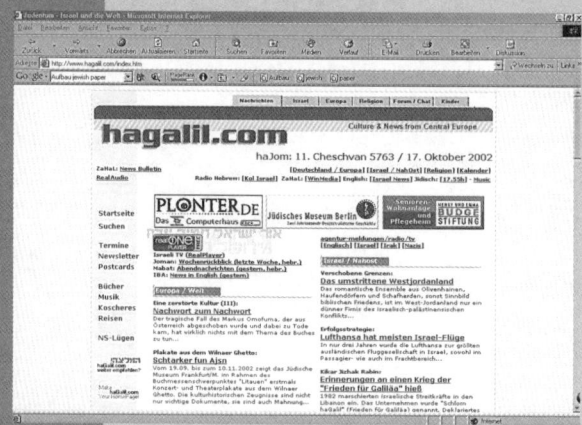

www.hagalil.com ist das wichtigste deutsche und europäische Internetportal. Alle Strömungen des Judentums kommen hier zu Wort. Außerdem berichtet es über aktuelle Vorgänge und Debatten in der jüdischen Welt und engagiert sich gegen Nazi-Propaganda im Internet.

Wer nicht genau weiß, auf welches Datum in diesem Jahr Rosch haSchanah fällt, kann unter der Adresse hagalil.com auf 'Kalender' klicken und erhält nicht nur das genaue Datum, sondern - wenn er will - viele weitere Informationen wie Gebetstexte, Kochrezepte, Verweise auf den nächstfolgenden Feiertag Jom Kippur. Auch jene, die hebräisch lernen möchten, werden in haGalil onLine fündig: Zahlreiche Audiodateien und Spiele bieten einen gelungenen Einstieg ins Alef-Beth. Auf hagalil.com finden sich aber auch Seiten mit moderner israelischer Popmusik. Ein Mausklick genügt, und schon sind die neuesten Songs von Tipex, Riki Gall oder auch Dana International zu hören. Wer hebräisch versteht, kann beim Surfen auch die neuesten Radiomeldungen hören. In offenen Diskussionsforen kann man gelehrt mit einem Rabbiner über die Auslegung eines Talmud-Textes streiten. Dies alles geht auf deutsch, denn - so erstaunlich es klingen mag - der größte jüdische Online-Dienst Europas wird in München gemacht.

Auf tausenden von Internet-Seiten finden sich hier so viele Informationen, wie kaum irgendwo sonst. Dass eine deartig geballte Informationsmenge jede NS-Propaganda zurückdrängen und abblocken kann, liegt auf der Hand. Mit der Devise 'Hundert unserer Seiten auf eine antisemitische Seite' drückt haGalil onLine die Wahrscheinlichkeit, dass z.B. ein Schüler bei der Suche nach Infor-

mationen zum Judentum auf einer NS-Seite landen wird, auf 1 Prozent herab. haGalil onLine ist die mit Abstand erfolgreichste Aktion gegen rechtsextreme Propaganda im deutschsprachigen Internet. Um diesen Erfolg zu halten und auszubauen, benötigt haGalil onLine Unterstützung.
Spendenkonto:
Postbank Berlin, BLZ 10010010, Konto-Nr. 635.659.102.

www.hagalil.com

Quelle: *Jüdischer Kalender 5763 - Durch das jüdische Jahr*

Aufbau im vierzehntägigen Rhythmus einen Platz auf dem hiesigen Markt zu erobern, seit März 2002 sogar mit einem Korrespondentenbüro in Berlin. Hoffte man anfänglich, diese deutsch-jüdische Zeitung im aufkeimenden Reformjudentum Deutschlands verankern zu können, setzt man jetzt offensiv auf Zweisprachigkeit und statt auf eine konfessionelle Strömung mit einem modernisierten Layout auf eine polyglotte Leserschaft, die am transatlantischen Dialog zwischen den Juden in Nordamerika und denen in Europa interessiert ist. Diese überregionalen Blätter sind heute alle auch im Internet vertreten. Übrigens auch solche oben angesprochenen Netzwerk-Projekte wie Bet Debora.
Neue Ideen, Organisationen und Alternativen sind heute nicht mehr schwer zu finden. Das Für und Wider von Pluralismus wird im Internet nicht administrativ oder durch Mehrheitsentschluss entschieden, sondern durch Mausklick. Im Internet stellen sich Denominationen, Gemeinden, Gruppen, Projekte und meinungsfreudige Einzelkämpfer vor und werden über die einschlägigen Suchmaschinen auch entdeckt.

Sie demonstrieren dort, dass es auch im Judentum viele Varianten gibt, religiös, kulturell oder politisch engagiert zu sein. Mit Chatrooms, Newsgroups, Mailinglisten und „Ask the Rabbi"-Diensten werden heute Anhänger gefunden, Debatten geführt, Bräuche verbreitet, Proselyten fasziniert und neue Mythen kreiert. Nationale, regionale und lokale Grenzen haben jedenfalls für Information und Meinungsaustausch radikal an Bedeutung verloren. Für den deutschsprachigen Raum sind die zur Zeit wichtigsten Informationsdienste und Portale:

- „Hagalil – Jüdisches Leben in Deutschland und Mitteleuropa" (www.hagalil.com),
- „talmud.de: Jüdisches Leben" (www.talmud.de),
- „Milch und Honig – Jüdisch in Berlin und Deutschland. Internetportal für Juden" (www.milch-und-honig.com),
- „Juden.de" (www.juden.de) und
- „Jüdisches Berlin" (www.juedisches-berlin.de).

Immer mehr verbreitet sich eine neue Wahrnehmung: Wen es im Internet nicht gibt, den gibt es nicht. Im Vorfeld der Wahl zur Repräsentantenversammlung der Jüdischen Gemeinde Berlin haben sich deshalb auch die kandidierenden Listengemeinschaften mit zum Teil aufwändig gemachten Seiten im World Wide Web vorgestellt (Anfang Oktober 2002 ist dort noch eine von ursprünglich vier zu finden: http://www.juedischesleben.de). Diese Informationsvielfalt im Netz ist heute für alle sozialen, politischen, kulturellen und religiösen Organisationen eine Realität, der sie sich stellen müssen. Auch sie wird die Jüdischen Gemeinden in Deutschland, Österreich und der Schweiz weiter verändern.

Union Progressiver Juden in Deutschland, Österreich und der Schweiz

Am 27. Juni 1997 wurde in München die Union Progressiver Juden in Deutschland, Österreich und der Schweiz gegründet. Als religiöse Arbeitsgemeinschaft ganz unterschiedlicher Gemeinden hat sie sich folgende Aufgaben gestellt:
- die grundlegenden Lehren des Judentums zu schützen und die Beschäftigung mit der jüdischen Tradition im Einklang mit der Moderne zu fördern;
- das Entstehen und die Zusammenarbeit progressiver jüdischer Gemeinschaften im deutschen Sprachraum zu fördern;
- das aktive Interesse am progressiven Judentum bei denjenigen zu wecken, die einem religiösen Leben bisher fern stehen.
- die Mitglieder gegenüber der Weltunion für Progressives Judentum zu vertreten und die Zusammenarbeit mit der progressiven jüdischen Weltgemeinschaft zu fördern.

Diese Zielsetzung wird umgesetzt durch:
- die Förderung des jüdischen Religionsunterrichtes in allen Altersstufen und die Erarbeitung von Unterrichtsmaterial;
- die Erarbeitung von Gebetbüchern zur Durchführung der Gottesdienste;
- die Unterstützung bei der Ausbildung von deutschsprachigen Rabbinern, Kantoren und Religionslehrern, die Koordination der Zusammenarbeit aller progressiven Rabbiner, die im Rahmen der Union wirken;
- die Konstituierung eines Rabbinatsgerichtshofes (Bet Din) im deutschen Sprachraum.

Union Progressiver Juden in Deutschland, Österreich und der Schweiz e.V.
Postf. 12 08 52, D-10598 Berlin
liberale-juden@t-online.de
- www.liberale-juden.de

Keschet
Mitteilungsblatt der Union Progressiver Juden in Deutschland, Österreich und der Schweiz e.V.
Union Progressiver Juden
Postf. 31 02 73, D-10632 Berlin

Quelle: *Jüdischer Kalender 5763 - Durch das jüdische Jahr*

Adunka, Evelyn: Die vierte Gemeinde. Die Wiener Juden in der Zeit von 1945 bis heute, Berlin 2000.

Ballof, Rolf/Frassl, Joachim: Die Jacobson-Schule. Festschrift zum 200-jährigen Bestehen der Jacobson-Schule in Seesen, Seesen 2001.

Bautz, Traugott (Hg.): Biographisch-Bibliographisches Kirchenlexikon (BBKL)

Becker-Jákli, Barbara (Hg.): Ich habe Köln doch so geliebt. Lebensgeschichten jüdischer Kölnerinnen und Kölner, 3. Aufl. Köln 2002.

Böckler, Annette: Jüdischer Gottesdienst. Wesen und Struktur. Mit einem Vorwort von Rabbiner John D. Rayner, Berlin 2002.

Brämer, Andreas: Judentum und religiöse Reform. Der Hamburger Israelitische Tempel 1817-1938, Hamburg 2000.

Brodbeck, Doris/ Domhardt, Yvonne/ Stofer, Judith: Siehe, ich schaffe Neues. Aufbrüche von Frauen in Protestantismus, Katholizismus, Christkatholizismus und Judentum, Bern 1998.

Die neue Synagoge und das Jüdische Kulturzentrum Wilhelmstr. 17 in Oldenburg (Oldb.), Oldenburg 1996.

Dienemann, Max: Liberales Judentum, (Reprint der Ausgabe Berlin 1935) Berlin 2000.

Dillmann, Hans Ulrich: Jüdisches Leben nach 1945, Hamburg 2001.

Ehrlich, Ernst Ludwig; Lothar Rothschild – Rabbiner und Freund. Gedenkrede gehalten an der Feier der

Jüdischen Gemeinde Kreuzlingen aus Anlass der Schloschim, Kreuzlingen o.J.

Feilchenfeld, Alfred (Hrg.): Denkwürdigkeiten der Glückel von Hameln, (Reprint der vierten Aufl., Berlin 1923) Bodenheim bei Mainz 1999.

Friedlander, Albert H.: Leo Baeck. Leben und Lehre, 2. Aufl. Gütersloh 1996.

Geiger, Ludwig: Abraham Geiger. Leben und Werk für ein Judentum in der Moderne. Mit einem Nachwort von Rabbiner Walter Jacob, (Reprint der Ausgabe Berlin 1910) Berlin 2001.

Gelderblom, Bernhard: Sie waren Bürger der Stadt. Die Geschichte der jüdischen Einwohner Hamelns im Dritten Reich, 2. überarbeitete Aufl. Hameln 1997.

Gillman, Neil: Conservative Judaism. The New Century, West Orange NY 1993.

Ginzel, Günther B./ Güntner, Sonja (Hg.): „Zuhause in Köln …". Jüdisches Leben 1945 bis heute, Köln 1998.

Graetz, Heinrich: Geschichte der Juden von den ältesten Zeiten bis auf die Gegenwart, 11 Bde., (Reprint) Berlin 1998.

Guggenheim, Willy (Hg.): Juden in der Schweiz. Glaube – Geschichte – Gegenwart, 2. Aufl. Küssnacht/ Zürich 1983.

Heschel, Susannah: Der Jüdische Jesus und das Christentum. Abraham Geigers Herausforderung an die christliche Theologie. Übersetzung aus dem Amerikanischen von Christian Wiese, Berlin 2001.

Heuberger, Georg/ Backhaus, Fritz (Hg.): Leo Baeck 1873-1956. Aus dem Stamme von Rabbinern, Frankfurt am Main 2001.

Homolka, Walter (Hg.): Die Lehren des Judentums nach den Quellen, 3 Bde., (Reprint der 1928-1930 erschienenen Originalausgabe) München 1999.

Homolka, Walter/ Seidel, Esther (Hg.): Nicht durch Geburt allein. Übertritt zum Judentum, München 1995.

Izsák, Andor: „Niemand wollte mich hören…". Magrepha – Die Orgel in der Synagoge, Hannover 1999.

Journal Bet Debora Berlin – Tagung europäischer Rabbinerinnen, Kantorinnen, rabbinisch gelehrter und interessierter Jüdinnen und Juden, Berlin 2000.

Journal 2 Bet Debora – Die Jüdische Familie. Mythos und Realität, Berlin 2001.

Keller, Manfred/ Nachama, Andreas (Hg.): Henry G. Brandt. Freude an der Tora, Freude am Dialog, Bochum 2002.

Kershen, Anne J./ Romain, Jonathan: Tradition and Change. A History of Reform Judaism in Britain 1840-1995, London 1995.

Kessler, Edward (Ed.): An English Jew. The Life and Writings of Claude Montefiore, London 2002.

Leo Baeck – Zwischen Geheimnis und Gebot. Auf dem Weg zu einem progressiven Judentum der Moderne, Karlsruhe 1997.

Levinson, Nathan Peter: Ein Ort ist, mit wem du bist. Lebensstationen eines Rabbiners, Berlin 1996.

Magonet, Jonathan in Zusammenarbeit mit Walter Homolka (Hg.): Seder ha-Tefillôt. Das Jüdische Gebetbuch. Übersetzung aus dem Hebräischen von Annette Böckler, 2 Bde., Gütersloh 1997; Einbändige Sonderausgabe für Schabbat und Wochentage: Berlin 2001.

Marcus, Jacob R.: Israel Jacobson. The Founder of the Reform Movement in Judaism, Cincinnati 1972.

Mendelssohn, Moses: Die Tora. Die fünf Bücher Moses nach der Übersetzung von Moses Mendelssohn, mit den Prophetenlesungen im Anhang. Hgg. und revidiert von Annette Böckler, Berlin 2001.

Meyer, Michael A.: Von Moses Mendelssohn zu Leopold Zunz. Jüdische Identität in Deutschland 1749-1824, München 1994.

Meyer, Michael A. (Hg.): Deutsch-jüdische Geschichte in der Neuzeit, 4 Bde., München 1996.

Nachama, Andreas/ Schoeps, Julius H./ Simon, Hermann (Hg.): Juden in Berlin, Berlin 2001.

Nippa, Annegret/ Herbstreuth, Peter: Eine kleine Geschichte der Synagoge aus dreizehn Städten, Hamburg 1999.

Olitzky, Kerry M./ Isaacs, Ronald H.: Kleines 1x1 jüdischen Lebens. Aus dem Amerikanischen übersetzt von Annette Böckler, Berlin 2001.

Petuchowski, Jakob J. (Hg.): New Perspectives on Abraham Geiger, New York 1975.

Philo-Lexikon – Handbuch des jüdischen Wissens (Reprint der 3. Aufl. von 1936), Frankfurt am Main 1992.

Plaut, W. Gunther: Unfinished Business. An Autobiography, Toronto/Canada 1981.

Romain, Jonathan A./ Homolka, Walter: Progressives Judentum. Leben und Lehre. Aus dem Englischen übersetzt von Annette Böckler, München 1999.

Rosenthal, Gilbert S./ Homolka, Walter: Das Judentum hat viele Gesichter. Die religiösen Strömungen der Gegenwart, München 1999.

Roschewski, Heinz: Auf dem Weg zu einem neuen jüdischen Selbstbewusstsein? Geschichte der Juden in der Schweiz 1945-1994, Basel 1994.

Rothschild, Lothar: Gesinnung und Tat. Berichte aus jüdischer Sicht, Frauenfeld 1969.

Schoeps, Julius H. (Hg.): Neues Lexikon des Judentums, Gütersloh 2000.

Schoeps, Julius H./ Jasper, Willi/ Vogt, Bernhard:

Russische Juden in Deutschland. Integration und Selbstbehauptung in einem fremden Land, Weinheim 1996.

Stein, Joshua B.: Lieber Freund. The Letters of Claude Goldsmid Montefiore to Solomon Schechter 1885-1902, Lanham MD 1988.

Verein Frauenstadtrundgang Basel: Geschichten aus der Empore. Auf den Spuren jüdischer Frauen in Basel, Bern 1999.

Vereinigung für das liberale Judentum e.V. (Hg.): Die erste Weltkonferenz liberaler Juden in London. Reden – Diskussion – Beschlüsse, London 10.-12. Juli 1926.

Vereinigung für religiös-liberales Judentum in der Schweiz (Hg.): Forschung am Judentum. Festschrift zum sechzigsten Geburtstag von Rabbiner Dr.Dr.h.c. Lothar Rothschild, Bern 1970.

Wedler-Steinberg, Augusta: Geschichte der Juden in der Schweiz vom 16. Jahrhundert bis nach der Emanzipation, 2 Bde., Zürich 1966-1970.

Wiener, Max: Jüdische Religion im Zeitalter der Emanzipation. Hgg. und mit einem Nachwort versehen von Daniel Weidner, (Reprint der Ausgabe Berlin 1933) Berlin 2002.

Wolffsohn, Michael: Meine Juden – eure Juden, München 1998.

Zemer, Moshe: Jüdisches Religionsgesetz heute. Progressive Halacha, Neukirchen-Vluyn 1999.

ÜBERREGIONALE VERBÄNDE UND INSTITUTIONEN

Zentralrat der Juden in Deutschland KdöR
Tucholskystraße 9, D-10117 Berlin
www.zentralratdjuden.de

Union Progressiver Juden
in Deutschland, Österreich und der Schweiz e.V.
Postf. 12 08 52, D-10598 Berlin
liberale-juden@t-online.de
www.liberale-juden.de

Bundesverband der Israelitischen Kultusgemeinden
in Österreich
Seitenstettengasse 4, Postfach 145, A-1010 Wien

Schweizer Israelitischer Gemeindebund
Gotthardstr. 65, Postf. 654, CH-8027 Zürich
info@swissjews.org - www.swissjews.org

Deutsche Rabbinerkonferenz
Hospitalstr. 36, D-70174 Stuttgart

---

* Die Adressen sind ein Auszug aus dem vollständigen Ver-
zeichnis im Jüdischen Kalender 5763 - *Durch das jüdische Jahr*,
erschienen in der Jüdischen Verlagsanstalt Berlin.

MoRA (Versammlung europäischer Rabbiner)
Vorsitzender: Rabbiner Dr. Tovia Ben-Chorin
Winzerstr. 60, CH-8049 Zürich
benchorin@bluewin.ch

Rabbinatsgericht der Union progressiver Juden in
Deutschland, Österreich und der Schweiz (Bet Din),
c/o Abraham Geiger Kolleg, Postf. 12 08 52,
D-10598 Berlin

RABBINERAUSBILDUNG

Abraham Geiger Kolleg zur Ausbildung von
Rabbinern und Rabbinerinnen
Postf. 12 08 52, D-10598 Berlin
Abraham.Geiger.Kolleg@t-online.de

Hochschule für Jüdische Studien
Friedrichstr. 9, D - 69117 Heidelberg
rektor@hjs.uni-heidelberg.de -
www.hjs.uni-heidelberg.de

Jüdisches Netzwerk

Frauen

Deutschland
Bet Debora Berlin, Frauenperspektiven im Judentum
Haus der Demokratie und Menschenrechte
Greifswalder Str. 4, D-10405 Berlin
bet-debora@berlin.de
www.bet-debora.de

Jüdischer Frauenbund in Deutschland ZWST
Hebelstr. 6, D-60318 Frankfurt/Main

Women for Refom Judaism Deutschland
Cordelia Haberlandt-Krüger
Fürstenburgstr. 6, D-79102 Freiburg

Österreich
Frauen Medraschiah. Lauder Chabad Campus
Rabbiner Schneerson Platz 1, A-1020 Wien
lcc.medraschiah@surfeu.at

Jüdisches Frauennetzwerk der Frauenkommission
der IKG
Postfach 145, A-1010 Wien
n.najder@ikg-wien.at - www.ikg-wien.at

Schweiz
Bund Schweizerischer Jüdischer Frauenorganisationen
Vera Kronenberg, Eichenstrasse 41, CH-4054
Baselvera.kronenberg@bakrona.ch

Interessengemeinschaften

Deutschland
Alpha Omega e.V. (Jüdische Zahnärtze)
Dr. Elio Adler, Berkaer Straße 41, D-14199 Berlin

Franz Oppenheimer Gesellschaft e.V.
Freundeskreis zur Pflege deutsch-jüdischer
Kulturwerte
Adolf-Miersch-Str. 40 B, D-60528 Frankfurt

Max Dienemann/Salomon Formstecher Gesellschaft e.V
Obere Grenzstr. 162, 63071 Offenbach

IWIS e.V. - Bundesweite jüdische Erfindergesellschaft
Passauer Str. 4, D-10789 Berlin
iwis@0109freenet.de

»Kesher« - Israelis in Berlin, Tel: (030) 832 64 50

Organisation jüdischer Ärzte und Psychologen
Dr. Roman Skoblo, Bismarckstr. 106, D-10625 Berlin

Treffpunkt „Hatikva",
Oranienburger Str. 31, D-10117 Berlin

Österreich
Amos
Überkonfessioneller Verein zur Erhaltung und
Wiederbelebung der Badener Synagoge
Wassergasse 1, A-2500 Baden

Bund werktätiger Juden (Poale Zion)
Des. Friedmann Platz 1, A-1010 Wien

Schweiz
Aktionsgemeinschaft für die Juden in der ehemaligen
Sowjetunion
Hohe Windstr. 104, CH-4059 Basel
AJS.Schweiz@gmx.ch

David. Zentrum gegen Antisemitismus und
Verleumdung
Postf. 260, CH-8046 Zürich

International Association of Jewish Lawyers
and Jurists (IAJLJ)
Wenner Stierli & Partner, Postf. 6128,
CH-8023 Zürich

Israel Medical Association (IMA), Sektion Schweiz
Saumstr. 29, CH-8625 GrossauDHS@active.ch

JUGENDORGANISATIONEN

Deutschland
B'nai B'rith Youth Organization Deutschland e.V.
(B.B.Y.O.)
Oranienburger Straße 31, D-10117 Berlin

Jüdisches Jugendzentrum
Joachimstaler Str. 13, D-10719 Berlin

Jüdisches Jugendzentrum
Savignystr. 66, D-60325 Frankfurt/Main

Jugendzentrum der IKG München
c/o IKG München
Reichenbachstr. 27, D-80469 München

Österreich
Bnei-Akiva
Judenplatz 8, A-1010 Wien

Haschomer Hazair
D. Friedmann-Platz 1, A-1010 Wien

Or Avner Chabad
Universitätsstr. 4/4a, A-1090 Wien

Verband der Sefardischen Juden
Tempelgasse 7, A-1020 Wien

Kulturvereine

Deutschland
Jüdischer Kulturverein
Oranienburger Straße 26, D-10117 Berlin
JKV.Berlin@t-online.de

Traditionsklub »Massoret«
Fasanenstraße 79/80, D-10623 Berlin

Jüdischer Kulturverein Dessau
Postf. 2237, D-06818 Dessau

Jüdisches Forum Köln e.V.
Postf. 250 353, D-50519 Köln

Schweiz
Verein zur Erhaltung der Jüdischen Kultur in Baden
Israelitische Kultusgemeinde
Parkstr. 17, Postf., CH-5400 Baden
office@bollag.ch

Omanut
Verein zur Förderung jüdischer Kunst in der Schweiz
Bächtoldstr. 2, CH-8044 Zürich
omanut@omanut.ch
www.omanut.ch

SCHWULE / LESBEN

Deutschland
Yachad Deutschland e.V.
Müllerstr. 43, D-80469 München

Österreich
Re'uth
John Clark, Scheugasse 12/18, A-1100 Wien

Schweiz
Alize. Jüdischer Schwulen- und Lesbenverein Zürich
G. S. Schneider, Postf. 59, CH-8060 Zürich

Singles

Singlesclub »Pnujim we Pnujot«
Fasanenstraße 79/80, 10623 Berlin

Yachad,
Gady Gronich
Weissenburg Str. 18, 81667 München
gady@ecjc.org - www.ecjc.org

Sport

Deutschland
Makkabi Deutschland e.V.
Gailenbergstr. 13, 87541 Hindelang
makkabid@t-online.de
www.makkabi.com

Österreich
S.C. Hakoah
Rötzgergasse 41, A-1170 Wien

Sportclub Maccabi
Kärntner Ring 15, A-1010 Wien

Schweiz
Maccabi Schweiz
Postfach 3052, CH-8049 Zürich
marcel-banchik@pop.agri.ch

Studenten

Deutschland
Bundesverband Jüdischer Studenten in Deutschland
e.V. (BJSD)
Joachimsthaler Straße 13, D-10719 Berlin
www.bjsd.de

Jüdischer Studentenverband
Joachimsthaler Straße 13, D-10719 Berlin

Österreich
Vereinigung jüdischer Hochschüler
Währingerstr. 24, A-1090 Wien

Verband Jüdischer StudentInnen der Schweiz
Guggachstr. 25, CH-8057 Zürich
postmaster@vjss-uejs.org

Sonstige Einrichtungen und Initiativen

Deutschland
Hebräisch per email
Deborah Tal-Rüttger
Schmiedeweg 26, D-34281 Gudensberg-Obervorschütz
tal-ruettger@t-online.de - www.hebraeisch-lernen.de

Masorti Verein zur Förderung des jüdischen Bildung
und des jüdischen Lebens
Eislebener Str. 4, D-10789 Berlin
inf@masorti.de

Projekt »Integration« für Neuzuwanderer
Joachimstaler Straße 13, D-10719 Berlin

Zentralwohlfahrtsstelle der Juden in Deutschland
Hebelstr. 6, D-60318 Frankfurt/Main

Österreich
Arbeitsgemeinschaft jüdisches Forum
Postfach 1479, A-1011 Wien
www.nunu.at

Schweiz
OFEK
St. Galler-Ring 48, CH-4055 Basel
info@ofek.ch - www.ofek.ch

DIENSTLEISTUNGEN

BUCHHANDLUNGEN MIT JUDAICA

Deutschland
Literaturhandlung
- Joachimsthaler Straße 13, D-10719 Berlin
- Königstr. 89, D-90762 Fürth
- Fürstenstr. 17, D-80333 München
Literaturhandlung@t-online.de
www.Literaturhandlung.de

Leo Baeck Bookshop – Leo-Baeck.de
Tucholskystraße 9, D-10117 Berlin
Books@Leo-Baeck.de
www.Leo-Baeck.de

Tabularium
Große Hamburger Str. 28, D-10115 Berlin

Österreich
Buchhandlung Singer / Museumsshop
Dorotheengasse 11, A-1010 Wien
info@jmw.at

Buchhandlung Chai
Praterstr. 40, A-1020 Wien

Schweiz
Morascha Buchhandlung S. Suliman
Seestrasse 11, CH-8002 Zürich
morascha@bluemail.ch

Verlagsbuchhandlung Victor Goldschmidt
Mostackerstr. 17, CH-4051 Basel

Kultgegenstände und Produkte aus Israel

Tabularium
Große Hamburger Str. 28, D-10115 Berlin

Israel Boutique
Krämerbrücke 29, D-99084 Erfurt

Doronia GmbH
Postfach 101133, D-70010 Stuttgart
doronia@doronia.de - www.doronia.de

Jerusalem Boutique
Mauerstr. 15, D-64720 Michelstadt /Odw.

Jüdische Antiquitäten, Bücher und Kultgegenstände
Israel Orzel, Bartenheimerstr. 55, CH-4055 Basel

Victor Goldschmidt
Mostackerstr. 17, CH-4051 Basel

VERLAGE

Deutschland
Jüdische Verlagsanstalt Berlin (JVB)
ab 1.3.2003: Bellermannstr. 25, D-13357 Berlin
geschaeftsstelle@jvb-online.de
www. juedische-verlagsanstalt.de

Philo Verlag
Littenstr. 106/107, D-10179 Berlin
info@philo-verlag.de - www.philo-verlag.de

Roman Kovar Verlag
Hauptsraße 13, D-86492 Egling an der Paar
info@kovar-verlag.com

Schweiz
Verlag Morascha
Holbeinstrasse 40, CH-4051 Basel
moraschavlg@datacomm.ch

Victor Goldschmidt Verlag
Postfach, CH-4003 Basel

ZEITUNGEN UND ZEITSCHRIFTEN

Deutschland
Aufbau
Berliner Büro
ab 1.3.2003: Bellermannstr. 25, D-13357 Berlin
irene.armbruster@aufbauonline.com
www.aufbauonline.com

Aschkenas
Zeitschrift fur Geschichte und Kultur der Juden
Fürstenstraße 17, D-80333 München

Babylon. Beiträge zur jüdischen Gegenwart
Kettenhofweg 53, D-60325 Frankfurt

Frankfurter Jüdische Nachrichten
Gottfried-Keller-Straße 16, D-60431 Frankfurt 50

Golem. Europäisch-Jüdisches Magazin
Michael Frajman, Wielandstr. 37, D-10629 Berlin
redaktion@meshulash.org

Jüdische Allgemeine. Wochenzeitung für Politik,
Kultur, Religion und Jüdisches Leben
Tucholskystraße 9, D-10117 Berlin
AJW@Juedische-Presse.de
www.Juedische-Allgemeine.de

Jüdisches Berlin
Fasanenstr. 79/80, D-10623 Berlin
jued.berlin@jg-berlin.org

Jüdisches Europa
Rhönstr. 125, D-0385 Frankfurt/Main

Keschet. Mitteilungsblatt der Union Progressiver
Juden in Deutschland, Österreich und der Schweiz e.V.
Postf. 31 02 73, D-10632 Berlin
leo.baeck@berlin.de

Teruma. Zeitschrift der Hochschule für Jüdische
Studien Heidelberg
Friedrichstr. 9, D-69117 Heidelberg

Tribüne. Zeitschrift zum Verständnis des Judentums
Habsburgerallee 72, D-60385 Frankfurt

Schweiz
Tachles. Das jüdische Wochenmagazin
Rüdigerstr. 10, CH-8027 Zürich
redaktion@tachles.ch

Die jüdische Zeitung
Postf. 1008, CH-8039 Zürich
djz-bloch@freeserve.ch

Österreich
David. Jüdische Kulturzeitschrift
Durchlaufstr. 13/38, A-1200 Wien
david_kultur@i-one.at

Illustrierte Neue Welt
Judengasse 1a, A-1010 Wien
nitt@compuserve.com

Das Jüdische Echo. Europäisches Forum für Kultur
und Politik
Stefansplatz 10, A-1010 Wien